PAPO RETO

KADU PIMENTEL

PAPO RETO

A VIDA SEM MIMIMI

ALTA BOOKS
EDITORA
Rio de Janeiro, 2020

Papo Reto - A vida sem mimimi
Copyright © 2020 da Starlin Alta Editora e Consultoria Eireli. ISBN: 978-65-552-0141-3

Todos os direitos estão reservados e protegidos por Lei. Nenhuma parte deste livro, sem autorização prévia por escrito da editora, poderá ser reproduzida ou transmitida. A violação dos Direitos Autorais é crime estabelecido na Lei nº 9.610/98 e com punição de acordo com o artigo 184 do Código Penal.

A editora não se responsabiliza pelo conteúdo da obra, formulada exclusivamente pelo(s) autor(es).

Marcas Registradas: Todos os termos mencionados e reconhecidos como Marca Registrada e/ou Comercial são de responsabilidade de seus proprietários. A editora informa não estar associada a nenhum produto e/ou fornecedor apresentado no livro.

Impresso no Brasil — 1ª Edição, 2020 — Edição revisada conforme o Acordo Ortográfico da Língua Portuguesa de 2009.

Produção Editorial	**Produtor Editorial**	**Marketing Editorial**	**Editor de Aquisição**
Editora Alta Books	Illysabelle Trajano	Lívia Carvalho	José Rugeri
		marketing@altabooks.com.br	j.rugeri@altabooks.com.br
Gerência Editorial		**Coordenação de Eventos**	
Anderson Vieira		Viviane Paiva	
		eventos@altabooks.com.br	
Gerência Comercial			
Daniele Fonseca			

Equipe Editorial		**Equipe Design**
Ian Verçosa	Rodrigo Ramos	Larissa Lima
Juliana de Oliveira	Thales Silva	Paulo Gomes
Maria de Lourdes Borges	Thiê Alves	
Raquel Porto		

Revisão Gramatical	**Layout | Diagramação**	**Capa**
Gabriella Araujo	Joyce Matos	Paulo Gomes
Fernanda Lutfi		

Publique seu livro com a Alta Books. Para mais informações envie um e-mail para autoria@altabooks.com.br

Obra disponível para venda corporativa e/ou personalizada. Para mais informações, fale com projetos@altabooks.com.br

Erratas e arquivos de apoio: No site da editora relatamos, com a devida correção, qualquer erro encontrado em nossos livros, bem como disponibilizamos arquivos de apoio se aplicáveis à obra em questão.

Acesse o site www.altabooks.com.br e procure pelo título do livro desejado para ter acesso às erratas, aos arquivos de apoio e/ou a outros conteúdos aplicáveis à obra.

Suporte Técnico: A obra é comercializada na forma em que está, sem direito a suporte técnico ou orientação pessoal/exclusiva ao leitor.

A editora não se responsabiliza pela manutenção, atualização e idioma dos sites referidos pelos autores nesta obra.

Ouvidoria: ouvidoria@altabooks.com.br

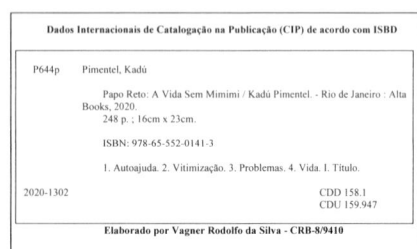

Dados Internacionais de Catalogação na Publicação (CIP) de acordo com ISBD

P644p   Pimentel, Kadú
          Papo Reto: A Vida Sem Mimimi / Kadú Pimentel. - Rio de Janeiro : Alta Books, 2020.
          248 p. ; 16cm x 23cm.

          ISBN: 978-65-552-0141-3

          1. Autoajuda. 2. Vitimização. 3. Problemas. 4. Vida. I. Título.

2020-1302   CDD 158.1
                                    CDU 159.947

Elaborado por Vagner Rodolfo da Silva - CRB-8/9410

Rua Viúva Cláudio, 291 — Bairro Industrial do Jacaré
CEP: 20.970-031 — Rio de Janeiro (RJ)
Tels.: (21) 3278-8069 / 3278-8419
www.altabooks.com.br — altabooks@altabooks.com.br
www.facebook.com/altabooks — www.instagram.com/altabooks

DEDICATÓRIA

Dedico este livro às mulheres guerreiras da minha vida, em especial à minha avó, Maria Eneida, à minha mãe, Maria Angélica, à minha esposa, Karol, e à minha filha, Isabella, sem as quais eu jamais teria conseguido chegar até aqui.

SUMÁRIO

INTRODUÇÃO   1

CAPÍTULO 1: VITIMIZAÇÃO E A DOENÇA DO MIMIMI   9

ENCARANDO A REALIDADE, 10

VITIMIZAÇÃO, 16

MIMIMI E A GERAÇÃO Y, 21

AUTORRESPONSABILIDADE, 26

PAPO RETO COM: *RICARDO BASAGLIA*, 38

CAPÍTULO 2: NADA SUPERA O TRABALHO DURO   41

A RUPTURA COM A MEDIOCRIDADE, 42

TALENTO VS ESFORÇO, 49

HARD WORK E SUPERAÇÃO, 54

PAPO RETO COM: *THIAGO CONCER*, 68

CAPÍTULO 3: A VIDA É DURA COM QUEM É MOLE   71

RESILIÊNCIA E ANTIFRAGILIDADE, 72

FOME DE PROPÓSITO, 84

SE VIRA, BENHÊ!, 92

PAPO RETO COM: *WALTER LONGO*, 104

CAPÍTULO 4: EVOLUÇÃO CONTÍNUA   107

    SER + FAZER = TER, 108

    AUTOCONHECIMENTO E DESENVOLVIMENTO, 120

    CORAGEM, 136

    CORAGEM PARA EMPREENDER, 144

    PAPO RETO COM: *SANDRO MAGALDI*, 152

CAPÍTULO 5: AUTENTICIDADE   155

    QUEM É VOCÊ?, 156

    TUDO É *FAKE*, 164

    PRINCÍPIOS DE UMA VIDA AUTÊNTICA, 170

    QUAL É SEU VALOR?, 178

    PAPO RETO COM: *CAIO CARNEIRO*, 188

CAPÍTULO 6: PROTAGONISMO   191

    LIDERANÇA, 192

    LIDERANÇA PROATIVA, 202

    LIDERANÇA SERVIDORA, 206

    LIDERANÇA EXEMPLAR, 210

    PAPO RETO COM: *JOEL JOTA*, 218

CAPÍTULO 7: DECISÃO   221

    PAPO RETO COM: *LUIS PAULO LUPPA*, 230

AGRADECIMENTOS

Agradeço a Deus por ter me abençoado, protegido e ter iluminado o meu caminho mesmo quando tudo parecia perdido, inclusive eu mesmo.

Agradeço à minha avó, Maria Eneida, por me amar tanto e ser meu amor maior.

Agradeço à minha mãe, Maria Angélica, por me amar tanto e ser meu grande exemplo. Minha missão é ser um pai igualzinho você é minha mãe.

Agradeço ao meu pai, Carlos Alberto, por ser meu melhor amigo, especialmente, nas horas em que mais precisei.

Agradeço à minha esposa, Karol, por ser minha luz e minha calma, minha direção e meu porto seguro, minha eterna e verdadeira companheira.

Agradeço à minha filha, Isabella, por ser a razão da minha vida, minha fonte de inspiração e ter preenchido meu coração de uma maneira como nunca pude imaginar ser possível.

Agradeço à minha irmã, Lívia, por seu sorriso, ternura e pureza.

Agradeço à minha madrinha, Lurdinha, por sua doação e perseverança.

Agradeço ao meu padrinho, Toninho, por sua retidão.

Agradeço ao meu padrasto, Zé Maria, pela sua paciência e compreensão.

Aos tios, tias, primos e primas, meu muito obrigado! Vocês também estiveram presentes em muitas das linhas escritas neste livro.

Aos meus amigos e amigas, obrigado por me darem tantas alegrias, por tantos momentos incríveis juntos e por tanto carinho.

Meu agradecimento à minha equipe de trabalho pela lealdade e confiança. Milhares de empreendedores que transpiram todos os dias em busca dos seus sonhos, levando esperança às pessoas mundo afora e me emocionando com cada história de superação, evolução e vitória.

Aos meus mentores, obrigado por me aconselharem com tanta sabedoria, humildade e por elevarem meus padrões.

Por fim, agradeço à Vida, que bateu doído, me testou e, com isso, me fez forte para proteger todos estes acima, que eu amo tanto.

SOBRE O AUTOR

Conheci o Kadú, apelido carinhoso de Carlos Eduardo, no início de sua vida como empreendedor e tenho o prazer de acompanhá-la de perto até os dias presentes, pois nos tornamos grandes amigos.

Logo de cara, notei uma personalidade marcante e magnética, por conta da firmeza de seus princípios, valores intransponíveis e decisão irreversível na busca de seus objetivos.

Kadú é aquele tipo de amigo que sempre tem as palavras certas para te dar, sejam elas firmes ou reconfortantes. Vibrei quando soube de seu desejo por colocar toda sua experiência em um livro. Sua alta capacidade de colocar em palavras situações que todos nós devemos pensar a respeito, que não podem ser exclusivas apenas de quem tem o privilégio de conviver com ele.

Ver toda a jornada desse grande amigo (e agora autor) de perto, desde os primeiros passos como empreendedor até seu enorme destaque dentro da Indústria da Venda Direta, me mostrou que ninguém segura uma pessoa determinada e com os valores corretos. Recomendo prestar muita atenção durante toda esta leitura, o Kadú tem uma habilidade ímpar de causar impacto significativo por meio de sua ótima escrita, palavras afiadas e um jeito autêntico de causar grandes transformações.

Tenho certeza que você não será o mesmo após esta leitura, homens e mulheres são como tapetes, precisam ser sacudidos de vez em quando. E não há ninguém melhor do que o Kadú para te dar o PAPO RETO e acabar de uma vez por todas com qualquer sinal de vitimismo que esteja dentro de você.

— **CAIO CARNEIRO**
EMPREENDEDOR, INVESTIDOR, PALESTRANTE E AUTOR
DOS BESTSELLERS **SEJA FODA!** E **ENFODERE-SE!**

O AUTOR

KADÚ PIMENTEL

NASCIDO EM AMPARO/SP

RESIDENTE EM CAMPINAS/SP

ADVOGADO FORMADO PELA UNIVERSIDADE ESTADUAL DE LONDRINA/PR

EMPRESÁRIO

NETWORKER COM UMA REDE DE MEIO BILHÃO DE REAIS EM VENDAS ACUMULADAS

PALESTRANTE

INVESTIDOR

ESPOSO DA KAROL E PAI DA ISABELLA

@KADUPIMENTEL

POSTE UMA FOTO COM O LIVRO E MARQUE O AUTOR E A HASHTAG #PAPORETO

PAPO RETO COM:

CONVIDADOS

Ao final de cada capítulo você poderá assistir a uma entrevista exclusiva com convidados muito especiais. São eles:

RICARDO BASAGLIA
— Diretor Executivo da Michael Page & Page Personnel

THIAGO CONCER
— Palestrante de Vendas, investidor e criador do movimento OSV - Orgulho de Ser Vendedor

WALTER LONGO
— Publicitário, Administrador de Empresas e Especialista em Inovação e Transformação Digital

SANDRO MAGALDI
— Co-fundador do meuSucesso.com e Coautor do Best-seller "Gestão do Amanhã"

CAIO CARNEIRO
— Empreendedor, Investidor, Palestrante e Autor dos Best-sellers "Seja Foda!" e "Enfodere-se!"

JOEL JOTA
— Palestrante e Ex Atleta da Seleção Brasileira de Natação. Autor de "Esteja, Viva, Permaneça 100% Presente"

LUIS PAULO LUPPA
— Palestrante, Escritor e Empresário. Autor do Best-seller "O Vendedor Pit Bull".

ACESSE O QRCODE PARA ASSISTIR A PLAYLIST COM ENTREVISTAS EXCLUSIVAS:

Não comece a ler este livro se não estiver disposto a se deparar com verdades e evoluir.

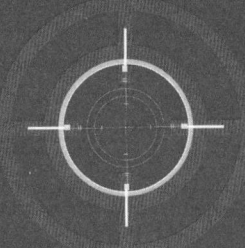

INTRODUÇÃO

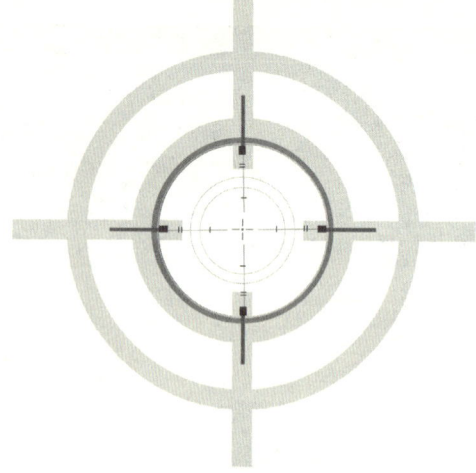

O mundo está em constante transformação, o que exige de nós compreensão rápida e adaptação certeira para que possamos aproveitar o universo de oportunidades que surgem todos os dias.

Entretanto, notamos uma sociedade cada vez mais egoísta, preguiçosa e vitimista. As pessoas querem tudo de mãos beijadas, querem ganhar, mas não se esforçam, querem comer as frutas mais gostosas, mas não se sujam de adubo e terra para plantar, muito menos esperam a época certa da colheita. E ainda preferem terceirizar a culpa pela dureza da vida.

Por isso, particularmente acredito que precisamos de alguns chacoalhões e não de motivação efêmera, clichês vazios ou meras palavras de apoio que, no fundo, não passam de mentiras carinhosas e confortáveis, mas que entorpecem e cegam.

Não podemos fugir dos problemas, temos que encarar os fatos brutais e fazer importantes e dolorosas reflexões a fim de abrirmos os olhos, para assim voltarmos à realidade, voltarmos a amar, a acreditar nos seres humanos, a respeitar o próximo e, finalmente, corrigir a rota.

Precisamos voltar a aplaudir as diferenças, valorizar a autenticidade e não os conceitos *photoshopados*, emergir do oceano de hipocrisias, banalidades e futilidades, amplificado pelas redes sociais, nas quais estamos submersos.

Precisamos ensinar as próximas gerações a não serem seres humanos *fake* e a serem orgulhosos por serem quem são. Serem sedentos por desenvolvimento, sem perder sua essência e com um desejo enorme de fazer a diferença, de transformar o mundo, de quebrar padrões e acreditar que, independentemente do passado ou de sua situação atual é possível construir um futuro de prosperidade, plenitude e felicidade.

Espero que não, mas, talvez, neste exato momento, possa estar passando pela cabeça de alguns: *"Ah, falar é fácil, quero ver você viver meus desafios"*, ou ainda *"para você é fácil, deve ter nascido em berço de ouro"*.

Eu nasci em uma cidade pequena do interior, filho de pais que se separaram quando eu ainda era um bebê, em um cenário onde nunca me faltou nada, mas o dinheiro nunca foi abundante e serviu, basicamente, para minha educação.

Vi toda a minha família trabalhando muito, de sol a sol, sempre exaustos, superando os mais diversos desafios sob pena de não pagarem as contas do mês. Perdi entes próximos e queridos que fizeram falta em um momento importante e que abalaram toda a estrutura emocional familiar.

Vou contar algumas dessas passagens com mais detalhes mais à frente. Mas o que eu quero dizer é que sou fruto de uma típica família brasileira, com crises, dificuldades, perdas, momentos desafiadores, quase nenhuma oportunidade e que lutou muito pela dignidade e sobrevivência.

Sendo assim, como a maioria faz, eu poderia me apoiar nessas circunstâncias para vir aqui e lhe contar o meu fracasso justificado.

Poderia ter cruzado os braços, ficado de *mimimi* reclamando da vida e da falta de oportunidades de uma cidade do interior.

Eu poderia culpar o divórcio dos meus pais pela minha rebeldia e dizer que a morte de pessoas que eu amava me trouxe traumas que me paralisaram.

Poderia reclamar da falta de sorte por não ter nascido em berço de ouro, por não ter os melhores brinquedos e nem as melhores roupas.

Poderia ter arrumado um emprego e por lá ficado décadas, algemado à pseudossegurança de um salário confortável, reclamando durante a semana e festejando nos finais de semana.

Poderia aleijar meus sonhos, aceitando que a vida é cruel e me acovardando diante disso.

Mas, não!

Eu decidi romper com o previsível, conquistar uma vida abundante e construir um retumbante sucesso!

Decidi viver uma vida autêntica, sendo quem sou, orgulhando-me de minha história, quebrando paradigmas, redefinindo meus limites, questionando o medíocre e sonhando alto.

Honrando minha família, pois em nenhum momento me faltou amor. Me ensinaram valores e princípios que fizeram de mim quem sou hoje. Deram o máximo, todos os dias, e me fizeram um homem muito feliz!

Jamais me acomodei, mas compreendi minhas circunstâncias, encarei a realidade, respeitei minhas fraquezas, explorei minhas virtudes e busquei o constante desenvolvimento.

Escolhi ser grato a Deus por tudo que um dia aconteceu, pois me transformou em quem sou, e isso, por si só, já era uma bênção. E decidi que toda e qualquer mudança dependeria somente de mim, das minhas forças e da minha evolução.

Para isso, claro, tive que mudar algumas coisas que vamos nos debruçar no decorrer deste livro. Tive, por exemplo, que lapidar minhas crenças, selecionar minhas companhias, desenvolver habilidades práticas e comportamentais, canalizar corretamente meus pensamentos e ações, melhorar meus hábitos e referências e, claro, trabalhar exaustivamente.

Por falar em trabalho...

Trabalhei desde jovem, formei-me em Direito numa universidade pública, cursei pós-graduações, advoguei por seis anos e tive coragem de abandonar tudo isso para aprender a vender, liderar, gerir pessoas, empreender, construir um **negócio multimilionário** e ajudar pessoas a ganharem milhões de dólares dentro do segmento tão incompreendido do marketing de relacionamento.

Em meio a tantas turbulências pessoais e profissionais, eu me apaixonei e casei com Karol e tivemos nossa filha, Isabella. Aprendi com elas, verdadeiramente, a ser homem, pai, humano.

Obviamente, não foi fácil e nem é para ser. Todo esse processo foi doloroso, repleto de erros e acertos, de altos e baixos, mas cujo resultado vem sendo gratificante e fez a vida ter sentido. Afinal, não há melhor vida do que uma vida intensa.

A boa notícia é que a autenticidade, bem como outras *skills* e valores úteis às minhas vitórias, também se encontram dentro de você. Talvez você tenha permitido a dormência, mas com essa leitura você poderá, novamente, despertá-las.

Este livro é para aqueles que querem, realmente, fazer a diferença, compreendendo que a vida tem sentido quando você decide ser quem é, quando luta pela sua felicidade e pela sua família sem se importar com as opiniões alheias e quando consegue agregar valores positivos à vida de outras pessoas.

É para as pessoas que querem exterminar o *coitadismo* de suas vidas, assumindo integral responsabilidade pelos seus destinos de acordo com um conjunto de escolhas e decisões e, a partir disso, ter sucesso na vida profissional e pessoal.

Nas próximas páginas, vou compartilhar com você grande parte das competências e filosofias que me auxiliam em meus negócios, que me permitiram conquistar resultados inimagináveis e a formar centenas de líderes e empreendedores de sucesso mundo afora. Dicas valiosas que, se implementadas, te conduzirão a um nível elevado de produtividade, performance e liderança.

Através de algumas passagens da minha vida, pretendo te inspirar a superar seus desafios, a ser mais forte para encarar cada obstáculo, a não ter medo de romper com as algemas do padrão e a acreditar que você é capaz.

Juntos, ensinando às pessoas que amamos os conceitos que tratarei aqui, formaremos um exército de vencedores, de soldados do bem, que não se contentam com a mediocridade e que, com ética e integridade, vão sair do comodismo e pagar o preço necessário pelos seus sonhos.

Entrego tudo isso com muita sinceridade, verdade, humildade e amor. Sem papas na língua, e sem *mimimi*, vou te mostrar que a vida em abundância passa, necessariamente, pela autenticidade, pela aceitação de nossas condições, pela gratidão à nossa história e pelo orgulho das cicatrizes que simbolizam nossas batalhas.

Não espere por discursos motivacionais baratos. **Nosso papo vai ser reto!**

Aperte os cintos, seja bem-vindo e vamos com tudo!

> "As únicas pessoas sem problemas são aquelas que estão no cemitério."
>
> ANTHONY ROBBINS

CAPÍTULO  1

VITIMIZAÇÃO E A DOENÇA DO *MIMIMI*

ENCARANDO A REALIDADE

Não se engane. A vida não é fácil. E você, especialmente se já é adulto, sabe disso.

Não acredite cegamente naqueles clichês vazios, no estilo *"Você consegue!"*, *"Só basta acreditar!"* ou *"É só pensar positivo!"*. **Não!** Não é assim que as coisas funcionaram para mim, e não é assim que as coisas funcionaram para qualquer outra pessoa que também teve sucesso e construiu uma história da qual se orgulha. Ser positivo e motivado é diferente de ser trouxa.

"O otimista é um tolo. O pessimista, um chato.
Bom mesmo é ser um realista esperançoso."
Ariano Suassuna

Temos duras batalhas a travar e teremos árduos desertos a atravessar, por isso, é importante você cair na real e estar preparado.

Veja bem, neste capítulo não quero pintar a tristeza nem o caos, só quero te apresentar à realidade que muitas vezes teimamos em negar. Quero que você se torne o realista esperançoso de Suassuna. **Isso é parte fundamental do sucesso absoluto.** Você precisa aceitar que nem sempre a vida é um mar de rosas, que as dificuldades estão por aí à espreita e que quanto mais você idealiza uma vida incrivelmente perfeita, mais você se frustra, mais forte você apanha e mais descrente você fica.

É certo que, à medida que envelhecemos, mais desafios aparecem e mais responsabilidades assumimos.

Como era bom quando nossa principal obrigação era estudar para passar de ano no colégio, né? O resto do tempo era gasto com qualquer outra coisa, menos com preocupações.

Entramos no mercado de trabalho ainda jovens com a visão romântica de que a vida madura enfim teve início, que agora seria só crescimento, ganharíamos dinheiro, teríamos segurança e paz de espírito. Mas bastam poucos anos para percebermos que não é bem assim que as coisas funcionam.

Você percebe que nem sempre sua competência te alçará a melhores cargos ou melhores resultados, percebe que, dentro da sua profissão, do seu emprego, da sua empresa, ou de qualquer atividade que você se propôs a desempenhar, existem muitas tarefas que você não gosta realizar, mas as realizará compulsoriamente.

Aprende, quase que na marra, os conceitos de empréstimo, crédito, débito, cheque especial, imposto, seguro e fluxo de caixa, que bagunçam sua mente e te fazem parecer burro.

Você se dá conta que será subvalorizado por décadas, que suas quedas deixarão cica-

trizes, que existem pessoas boas e pessoas más em seu ambiente de trabalho, que dinheiro não é simples de ganhar e, portanto, que ganhar muito dinheiro parece fora do alcance.

Somado a isso, temos a estatística jogando contra: a cada ano que passa, a desigualdade social aumenta. Isso significa, na prática, que a distância para quem é pobre ficar rico só aumenta. Ou seja, a ascensão social é cada vez mais um fato raríssimo.

Você descobre, por fim, que a vida no trabalho é complexa, exaustiva e exigirá bem mais do que você imaginava. Muitos acabam se conformando, acostumando, acomodando, acovardando e seguindo assim até a morte.

Eu mesmo passei por isso.

Quando comecei minha carreira na advocacia, em 2009, primeiro trabalhando de maneira autônoma e depois trabalhando para um escritório de advocacia durante alguns anos, me entreguei de corpo e alma à profissão. Trabalhava no mínimo doze horas por dia, inclusive nos finais de semana. Levava trabalho para a casa, atendia clientes de outras áreas, viajava para fazer audiências, analisar processos, e estudava, estudava e estudava.

Pensava, agia e me dedicava como se fosse dono daquele escritório, idealizando melhores práticas no atendimento dos clientes, novos produtos a serem oferecidos para fomentar o faturamento do escritório sem ganhar nada extra para isso, dando pitacos até na gestão, no marketing e em procedimentos internos.

Sempre tive muitos sonhos e sempre me enxerguei com um potencial enorme de realização. Sempre me senti especial.

Você, com certeza, tem um grande potencial subaproveitado. E eu acreditava, e ainda acredito, que o **trabalho duro é a alma do sucesso**, por isso, minha tamanha dedicação. Falaremos sobre isso mais adiante.

Só que o tempo foi passando e fui, aos poucos, perdendo o brilho. Decepcionei-me com diversas situações desagradáveis e constrangedoras, me desgastei demais física e emocionalmente em troca de um salário que mal dava para pagar o aluguel de uma kitnet onde morava. Não enxergava mais perspectiva para construir uma vida em abundância, tive picos de estresse e ansiedade altíssimos que até hoje trazem consequências negativas à minha saúde.

Aquele rapaz sonhador ligou o piloto automático e foi sugado pela rotina massacrante e nada excitante do trabalhador padrão. Passei a acreditar que a vida era isso, resumida a trabalhar para sobreviver, e que mudar de vida era utopia, era impossível, era só para os escolhidos.

Basicamente, eu estava afundado na merda. Acontece que, depois de um certo tempo, passei até a gostar de estar ali, porque já havia me acostumado com o cheiro, porque a merda estava quentinha e porque tinha mais um monte de amigos e colegas meus ali comigo na mesma situação. Então, passei a não questionar e, simplesmente, baixei a cabeça e segui em frente.

Nesta ocasião, descobri o meu conceito de infelicidade. Infelicidade é acordar, mas querer continuar na cama, por não ter propósito pelo qual levantar e dar o melhor. Sabe como é, o despertador tocar e você apertar dez vezes o botão da soneca

e, ainda assim, acordar com sono, mal-humorado e sem tesão nenhum de ir trabalhar?

De antemão, já quero deixar registrado aqui: **dinheiro nenhum no mundo vale sua infelicidade!**

É incrível como, quando éramos crianças, muitos de nós não pulávamos da cama cedo para estudar, mas, se tivéssemos uma festa ou uma gincana naquele dia, estávamos em pé e arrumados em questão de minutos.

Aliás, até hoje a maior parte das pessoas é assim. Estão infectados pela "SDN" (Síndrome do Domingo à Noite). É uma síndrome cujos sintomas aparecem todo domingo à noite: cansaço, preguiça, negativismo, vitimismo e *mimimi*. A pessoa acometida por essa síndrome, normalmente, sobrevive durante a semana para viver intensamente o final de semana. Louvam a sexta-feira à tarde, momento que se revela livre de quaisquer sintomas, parecendo estar completamente saudável.

Eu também vivi assim por anos, portanto, sei como você ou outras pessoas se sentem nessa circunstância. Hoje, compreendo melhor as coisas e consigo avaliar racionalmente e extrair lições de tudo que passei, por isso, me tornei um homem extremamente grato ao meu passado, forte no presente e entusiasmado pelo futuro, e vou te ajudar.

Todavia, não bastasse os problemas laborais, ainda temos que enfrentar desafios familiares. Antes era só você e, de repente, vira você, seu companheiro ou companheira, seus filhos, netos, cachorros, gatos; para ajudar, a polaridade se inverte e seus pais, avós, irmãos, primos e tios passam a precisar de você. E a completa desordem está instalada.

Você se cobra, cansa ainda mais, tem que dividir sua atenção, passa supostamente a não ter tempo para mais nada, quiçá para você... ah, e os boletos seguem chegando.

Plano de saúde, escola, material escolar, aluguel, luz, gás, água, celular, TV a cabo, parcela do carro, gasolina, ônibus, pedágio, remédio, comida, roupa, academia...

Vivemos também a dor de perdermos pessoas que amamos, nos machucamos mais e também machucamos mais outras pessoas. Nos tornamos personagens de problemas alheios e, às vezes, até nos afastamos de Deus.

Todas essas situações ganham uma lente de aumento no mundo globalizado, onde somos bombardeados de informações sem filtros e onde somos direta e indiretamente influenciados por questões que independem da nossa vontade e não estão sob nosso controle.

A falência de uma multinacional europeia afeta as finanças de microempresas brasileiras, um furacão nos Estados Unidos paralisa parte da nossa economia, um vírus saído da China nos causa pânico e fere nossa esperança.

Mas, então, a vida é ruim? Calma lá, claro que não! Até porque, no meio disso tudo, existe uma peça fundamental: **VOCÊ**!

Talvez você esteja passando por um problema pessoal ou profissional exatamente agora. Tenho que te dizer que, se não estiver passando, um problema deve estar chegando logo mais. Pode esperar. Mas, se estiver vivendo um problema hoje, respire fundo, tome ação e dê o seu melhor, que ele vai passar.

Nesta hora, o otimismo alienado não vai te ajudar. Pergunte a um grande empreen-

dedor se ele resolve o litígio que tem com seu fornecedor simplesmente mentalizando que tudo vai dar certo. Isso beira o "absurdo quântico". Porém, hiperdimensionar os problemas também não ajuda. Até porque, se existe uma certeza no mundo é de que uma hora ou outra um novo problema surgirá. Como eu já disse, a vida é assim, não é fácil.

O que você não pode é ficar esperando. Você precisa evoluir, você não é mais aquela criança de outrora. Principalmente, você não pode agir, em momentos de tensão, como a maioria age: com vitimismo e *mimimi*.

VITIMIZAÇÃO

O problema não é ter problema, é como você reage diante do problema.

"As únicas pessoas sem problemas são aquelas que estão no cemitério."
Anthony Robbins.

Desde 2012 dedico minha vida profissional a me relacionar com as mais diferentes pessoas, bem como a estudar técnicas, comportamentos e habilidades, pois grande parte do meu trabalho consiste diretamente em treinar, desenvolver e lapidar pessoas para que possam adquirir as ferramentas internas e externas necessárias para o sucesso profissional e pessoal.

É impressionante como, mesmo diante do cenário extremamente desafiador que a grande maioria das pessoas se encontra, ainda assim vivemos a era da vitimização e do *mimimi*, principalmente entre as novas gerações.

O que se espera de um ser humano que está à beira do abismo é que recue, saia dali o mais rápido possível, e não que se sente, comece a chorar, a espernear e resmungar.

Você conhece pessoas que parecem viver para reclamar? Que tudo está ruim, que hiperdimensionam os problemas e que enxergam apenas pela ótica do pessimismo e negativismo?

Ou então, conhece pessoas que se colocam na condição de coitadas, desventuradas e injustiçadas, como se fossem vítimas de ardilosas conspirações contra si, vítimas do sistema, que são violentadas moralmente quando contrariadas, que consideram ofensivos qualquer discurso sincero e objetivo e que são *experts* na arte da terceirização de culpa?

Pois é, eu também!

Vitimização é o comportamento de alguém que, diante de alguma situação complexa, dolorosa ou tensa que exija de si, escolhe se colocar no papel de vítima, sugerindo que as pessoas envolvidas se compadeçam, sintam piedade dela.

O vitimista (aquele que possui a tendência de se vitimizar), portanto, não assume autoria sobre suas ações e, muito menos, sobre os resultados obtidos através delas, preferindo sempre culpar outras pessoas pelos seus erros e infortúnios, não a si próprio, e colocar-se numa situação de inferioridade que induza à compaixão.

Por outro lado, ele precisa ser cortejado e bajulado quando realiza algum feito porque, se não for, voltará a se posicionar como um pobre rejeitado, em um mundo onde ninguém gosta e se importa com ele.

Certa vez, fui auxiliar um distribuidor da minha equipe de vendas. Conversei horas com ele por telefone, ouvindo as lamentações de um pai de família desesperado, que vivia em um universo cruel, onde tudo era muito difícil. Vender estava difícil, prospectar estava difícil, conhecer novas pessoas estava difícil, até tomar banho, almoçar e escovar os dentes devia estar difícil.

Ele estava muito cansado, coitado! O patrão pagava a ele muito pouco, ele não tinha caixa para sobreviver por um mês caso fosse demitido, tinha acabado de bater o carro, as crianças só ficavam doentes e a esposa era preguiçosa (claro que isso ele nunca dizia para ela).

Agendei um evento na cidade dele. Me propus a fazer algo grandioso. Financiei o evento, fiz vários vídeos para auxiliá-lo na promoção, paguei para meu designer desenvolver alguns materiais profissionais de divulgação, preparei uma palestra exclusiva e verdadeiramente impactante. O único papel dele seria promover o evento e colocar pessoas na sala para que eu pudesse fazer todo o resto, desde a recepção dos convidados até o *pitch* final de vendas e, assim, ele conquistaria alguns clientes e parceiros, ganhando seu imprescindível dinheiro.

No dia do evento, liguei no hotel para conferir se estava tudo certo e, claro, liguei para ele. No "alô" eu já senti a voz de desânimo. Nosso tom de voz diz muito sobre nosso estado de espírito. Ele me disse que estava tudo confirmado, mas que estava no trabalho e não poderia conversar muito. Tentei motivá-lo rapidamente, mas foi só.

Eu já era experiente. Peguei meu carro, afinal, precisava fazer minha parte, e dirigi quase duas horas até a cidade dele sabendo, apenas pelo tom de voz, que o evento seria um fiasco. Dito e feito.

Simplesmente não tivemos uma pessoa sequer prestigiando o evento. Zero. Vazio. Ninguém.

É frustrante. Confesso que não foi a primeira e nem a última vez que isso aconteceu em minha carreira, então o que fez com que eu trouxesse essa história aqui para você foram as notáveis justificativas que eu recebi dele.

Primeiro, pedi para ver a lista de pessoas que ele tinha convidado, para quem ele tinha promovido o evento e como ele tinha feito isso. Ele me mostrou uma postagem em sua rede social e o total de seis pessoas que ele abordou através de mensagens enviadas pelo celular.

Aí começou.

Ele me disse que, justo naquela semana, ele teve que ficar até tarde no outro trabalho. Que uma das filhas dele tinha quebrado um dedo da mão e isso atrapalhou a produtividade dele porque teve que levá-la para tirar raio X no hospital. Que as pessoas que ele estava tentando convidar para o evento eram muito enroladas e ninguém tinha demonstrado interesse. E, por fim, o *grand finale*, que havia sido feriado na semana anterior e muita gente da cidade tinha ido viajar (praticamente o Êxodo, eu pensei).

Percebe que cada frase que saía da boca dele continha uma explicação vazia,

onde condicionava aquele pontual insucesso a terceiros? A culpa foi do trabalho, da filha, dos convidados, do feriado... Ele estava tentando nutrir em mim um desprezível sentimento de pena dele, até que eu finalmente dissesse: "*É, meu amigo, realmente você tem razão. Que dó que eu tenho de você! Que vida árdua e que história triste.*"

É claro que eu não disse isso.

Bem, ele realmente pode ter passado por semanas turbulentas. Todos sabemos que às vezes nossa vida vira de pernas para o ar. Além disso, é claro que a promoção de um evento pode não funcionar, pode-se errar na preparação, na data, na execução ou qualquer outro detalhe operacional. Podemos fracassar, podemos ter problemas.

Mas será que os problemas podem sempre se tornar muletas? Podem sempre ser justificativas para não cumprirmos com nossas obrigações? Será que dar nosso melhor, independentemente da situação, não está sob nosso controle? Será que acusar o ambiente pelos seus terríveis resultados é a melhor alternativa para a evolução?

Até quando vamos dar desculpas e acreditar em historinhas mentirosas que contamos para nós mesmos todos os dias para não fazermos o que precisa ser feito?

Como eu disse a você na introdução, nasci em uma pequena cidade do interior onde tudo foi conquistado com muito suor, portanto, bem longe de um berço de ouro. Meus pais se divorciaram, os arrimos de família faleceram em um supetão, tive que ralar desde jovem.

Eu tinha dois caminhos: poderia ter usado tudo isso como as inúmeras pedras responsáveis pelos meus tropeços, fracassos e me vitimizar ou assumir integralmente a responsabilidade da minha vida e do meu destino.

Uma pessoa de sucesso comunga com atitude disruptiva, compreende que o processo realmente é sinuoso, e que a solução para quase tudo está em suas próprias mãos. A autorresponsabilidade, que falaremos mais adiante, é o único remédio para curar a vitimização.

Certamente, você é uma pessoa muito melhor do que aquela que se apequena em justificativas vazias.

Mas, se você permitir, a vitimização se alastra pelas entranhas e te transforma em uma pessoa fraca, derrotada já antes de começar a batalha, que jamais se destaca, permanecendo na obscuridade e inutilidade.

A vitimização leva à uma perigosa zona de conforto, onde você não será cobrado e será pouco exigido. Pessoas evitarão o diálogo, se afastarão de você e a suposta ideia de que você ganhou se vitimizando, na verdade, está lhe afundando em uma profunda infelicidade e irrelevância.

MIMIMI E A GERAÇÃO Y

Experimente contrariar o senso comum ou expor uma opinião mais firme, assertiva, contestando alguém, para que você possa admirar o nascimento de um *mimimi*.

Atualmente, tudo é ofensivo e todos se ofendem. A hipocrisia do politicamente correto serve, essencialmente, como objeto de censura e não de educação ou de construção de relações éticas e respeitosas. Hasteiam-se bandeiras com símbolos que poucos sabem o que significam. Muitos fingem se importar com as minorias, enquanto nos bastidores da vida são inescrupulosos.

O "politicamente correto" é uma besteira sem tamanho. As pessoas atualmente não falam o que pensam com medo de serem oprimidas, violadas e isoladas. Com medo de serem rotuladas com diversos adjetivos pejorativos e criminosos, que foram construídos para reprimir opiniões, propositalmente, pelo lado mimizento ou maquiavélico da força.

Longe de mim pregar o desrespeito moral generalizado ou a anarquia (se bem que algumas ideias seriam excelentes se aplicadas atualmente), mas precisamos parar com essa intolerância, de todas as partes, pois estamos passando vergonha enquanto sociedade.

As pessoas levam para a esfera pessoal, quase como um ataque teleguiado, *feedbacks*, críticas e posicionamentos sobre quaisquer questões minimamente controversas. E essa ofensa pessoal logo é canalizada para um discurso vazio, falso moralista e pedante, representando um ativismo mais vazio ainda, nas mais diversas esferas.

O *mimimi* é intrínseco a um grupo de gente preguiçosa, que quer direitos e não quer deveres! Pedem pela boa sorte, mas não querem transpiração e nem têm fé. Querem emprego, mas não querem trabalho. Querem reflorestamento, mas não querem separar o orgânico do reciclável em casa. Grande parte da sociedade está podre.

Reclamam, reclamam e reclamam.

Reclamam do governo, reclamam da política, reclamam da economia, da crise, do preço do ônibus, do preço da gasolina, do frio, do calor, do marido, da esposa, dos filhos, do colega de trabalho, da amiga mais bonita, do amigo mais sincero, da bunda caída, da ruga que apareceu, da rede social, da minoria, da maioria, da mortadela, da coxinha, da quarentena, dos chineses e, de maneira soberba e hipócrita, reclamam até de gente que reclama!

Só que a reclamação só afasta pessoas boas e aproxima um bando de inúteis, que também só sabem reclamar, que fingem se importar com a sua causa, mas que, na verdade, só querem chamar a atenção fazendo barulho porque, no fundo, não têm nada a agregar. É puro *mimimi*.

E não se engane. Ser "reclamão" não é ser realista, procure no dicionário.

Além de incomodar, a pessoa que reclama emana negatividade e contamina as pessoas à sua volta, atrapalhando sonhos, desejos, prazeres e metas alheios.

Vamos fazer um pacto? Chega de reclamar! Ao acharmos que nossa vida está difícil e nos encontrarmos lamentando e hiperdimensionando problemas para alguém, experimentemos visitar as crianças da AACD, ou imaginar uma mãe do sertão que tem que alimentar seus dez filhos só com farinha e feijão, ou ainda pensar em uma família subnutrida da África. Rapidamente a reclamação passará.

Trago uma dica para a sua vida: **elimine as pessoas tóxicas, afaste-se dos negativos e aproxime-se apenas daqueles que lhe querem bem e agregam valor.**

O *mimimi* está infelizmente generalizado e espalhado por toda a sociedade, mas fica ainda mais evidente na minha geração: a Geração Y, ou *Millennials*. Uma geração mimada, adjetivo este explicado pela História.

Os *Millennials* são aqueles nascidos entre 1980 e os anos 2000. Basicamente nasceram em meio a uma grande evolução tecnológica e a consideráveis avanços econômicos, especialmente no Ocidente.

Ao contrário dos pais, *baby boomers* ou da Geração X, os *Millennials* são essencialmente urbanos, não presenciaram a migração do rural e, por isso, não tiveram experiência com o trabalho braçal da lavoura.

Ou seja, foram os pais dos *Millennials* que viveram essa transição e os avós e bisavós que foram, majoritariamente, rurais. No passado, tudo era diferente. No campo, tudo era diferente. Quando não existiam oportunidades, lazer, *hobbies*, pouca informação e educação, tudo era diferente. Quando os valores de vida eram outros e quando o sustento dependia muito da força física, tudo era diferente.

Esses pais, em regra, tiveram uma vida turbulenta, repleta de crises políticas e econômicas e com choques culturais intensos, que abalaram muitas estruturas familiares. A relação afetiva entre os avós (especialmente os avôs, que eram os provedores) e os pais dos *Millennials* era mais contida, muitas vezes dura, de pouco carinho e muita cobrança, de pouca fartura e muitas restrições, de pouca liberdade e de muitas regras.

A consequência disso é que os pais, de forma legítima e natural, nutriram dentro de si um desejo ardente em dar aos seus filhos tudo aquilo que não tiveram no aspecto material, mas, sobretudo, em demonstrações de amor, carinho, cuidado e atenção.

Essa maneira superprotetora de cuidar dos filhos, somado ao *boom* do avanço tecnológico e dos adventos da internet e da globalização nesse período, formaram uma geração mimada. Uma geração com amplo acesso à tecnologia, à informação, à educação e às pessoas. Mas que, por ter sido blindada das dores, cresceu frágil, cresceu imediatista, cresceu não dando valor às coisas que realmente importam e invertendo valores fundamentais.

Criou-se, então, um novo choque de tensão entre pais e filhos, um novo conflito de gerações. Os pais, porque fizeram de tudo e dizem não saber onde erraram, e os filhos, porque não cresceram, se tornaram individualistas, enfiados em seus smartphones, na criação do seu mundo *fake* virtual, "mimizentos" e, como diria minha avó, "braços-curtos", que não gostam muito de se esforçar.

É claro que estou generalizando. Nem todos os *Millennials* são assim e nem todos tiveram essas experiências ou têm esse tipo de postura. Mas o que estou trazendo aqui são informações, não somente opiniões. São fatos inegáveis, estudados e evidenciados pela Sociologia e Psicologia.

Entre tantos comportamentos pobres, entre a vitimização, *mimimi* e outros, ainda assim há esperança? O que fazer para quebrar esse ciclo, interromper essa postura viciada e tóxica?

Apesar dos pesares, é certo que a Geração Y bem como a Geração Z que a sucede (nascidos entre o fim da década de 1990 até o ano de 2010) são duas gerações que conceitualmente possuem uma enorme vantagem competitiva: são gerações com enorme capacidade de adaptação e transformação.

São seres humanos que funcionam como esponja, absorvendo e processando tudo muito rapidamente. Você já deve ter visto o quão impressionante são as crianças mexendo nos smartphones, navegando entre os aplicativos, com tamanha naturalidade.

Conseguem se reinventar e pensar em alternativas e soluções muito mais rapidamente do que as gerações anteriores. Só que toda essa enorme competência precisa ser destravada e direcionada para o bem.

O que destrava todo esse potencial?

Resolvendo a crise moral primeiro. A vitimização e o *mimimi* são fatores cruciais que limitam essas brilhantes pessoas.

E como curar a vitimização e o *mimimi*?

Só existe uma cura: a autorresponsabilidade.

AUTORRESPONSABILIDADE

O primeiro passo para desenvolver a autorresponsabilidade passa, necessariamente, pela **compreensão de que a maioria das pessoas não está nem aí para você e nem para seus problemas.** Pouquíssimas se importam realmente com você. Você não é o centro do universo e você não é o assunto frequente das rodas de amigos.

Algumas pessoas podem estender as mãos, seus pais, cônjuges, filhos ou até algum amigo. Existem anjos realmente altruístas no mundo, mas, no fim, eles dormem bem e é você quem perde noites em claro.

Isso não é com você. Não é uma perseguição. Acontece comigo, com seu vizinho, com o porteiro do prédio, com o presidente da república, com o terrorista, com todo mundo!

Aceitar essa verdade é libertador. Ninguém nos salvará, apenas nós mesmos temos esse poder.

Biologicamente, somos animais que nasceram com instinto de sobrevivência. Somos indivíduos que, em sua individualidade, foram aprendendo a conviver em harmonia e colaboração com outros indivíduos, a viver em sociedade, porque perceberam ser mais fácil sobreviver quando há cooperação, quando há auxílio mútuo. Entretanto, o instinto do "eu vivo" nunca se perde.

Ou seja, uma vez que ninguém está verdadeiramente preocupado com você, partimos do pressuposto de que reclamar, se vitimizar e ficar de *mimimi* é inútil, não tem absolutamente nenhuma serventia. Não serve para nada porque não te ajuda em nada, não agrega nenhum valor a ninguém ao seu redor e, inclusive, te atrapalha e atrapalha os outros. Repetir esses comportamentos, portanto, é estupidez.

O segundo passo está no próprio conceito de autorresponsabilidade.

Autorresponsabilidade é a capacidade de assumirmos integral responsabilidade por todo e qualquer acontecimento em nossas vidas, bom ou ruim.

Diversos autores fenomenais se dedicaram a escrever centenas de páginas sobre esse assunto. Eu não sou *coach*, nem programador neurolinguístico, nem psicólogo ou guru do desenvolvimento pessoal. Sob minha ótica pragmática, portanto, de um empresário, vendedor e *networker* de sucesso, autorresponsabilidade é a consciência de que toda ação gera uma reação. Sendo assim, a situação onde estamos hoje não é culpa de ninguém a não ser nossa.

Não é coincidência, azar ou obra do destino. Se você estiver na merda, a culpa é sua e de mais ninguém. Por outro lado, se você venceu, o mérito é todo seu. Foram suas decisões pretéritas que lhe trouxeram até a situação presente. Eu e você somos frutos das nossas decisões e ações.

Exemplificando, se você está infeliz no seu emprego, seus colegas de trabalho não têm na simpatia uma virtude, o ambiente de trabalho é pesado, seu chefe te assedia, é longe de onde você mora e você é quase escravizado, ganhando aquém do que poderia ganhar por aquilo que você produz, peça demissão amanhã. Você tem essa escolha.

Já estou podendo ouvir alguns pensamentos: "*Mas, Kadú, não posso simplesmente me demitir e abrir mão do meu ganha-pão de uma hora para outra.*" Bem, essa também é uma decisão que cabe a você. Aceitar sua infelicidade no trabalho em troca da pseudossegurança do emprego fixo e do salário.

Nascer pobre não é sua culpa. Morrer pobre é.

Percebe que tudo está em suas mãos? O que você não pode fazer, diante das escolhas que possui e das decisões que toma, é culpar alguém por estar onde está, uma vez que você está onde está por culpa sua, por conta das suas decisões e ações.

Uma decisão tem o poder de transformar tudo em sua vida. E lembre-se que não decidir também é uma decisão.

Seu chefe pode ser desprezível, seus colegas podem ser insuportáveis, você pode realmente estar ganhando mal, você perde preciosas horas no trânsito até chegar no trabalho, mas está onde está porque você decidiu estar. E mudar essa situação também depende só de você. É dessa maneira que uma pessoa autorresponsável pensa.

Da mesma maneira, quando você é completamente realizado em família, honra sua esposa ou esposo, seus filhos são respeitosos, educados, amorosos, você construiu um lar harmonioso, de muita alegria e paz, parabéns!

Comemore! É culpa sua! Orgulhe-se! Você tomou as decisões certas, escolheu a companheira ou companheiro certo, ensinou ótimos valores aos seus filhos, e através do seu exemplo sua família se tornou exemplar.

Aquele que não é autorresponsável se coloca confortavelmente em uma embarcação à deriva, preferindo acreditar que o acaso determinará seu destino.

Entretanto, a omissão também é uma decisão e que também gera consequências. Ficar parado é a pior decisão que qualquer pessoa pode tomar. Cabeça e agenda vazias são solos férteis para o pessimismo e negativismo.

Lembre-se sempre que a colheita é obrigatória, o plantio é opcional. Se você plantar boas sementes, colherá bons frutos. Se não plantar nada, mesmo tendo o melhor terreno, daqui a um tempo vai ter que roçar o mato e tirar as ervas daninhas.

Então, precisamos aceitar nossas condições e agir para melhorá-las. Aceitar é entender com o coração, não é se conformar. Aceitar que seus pais não têm culpa, o Brasil não é o problema, você não é azarado, nem um coitado sem oportunidades, a economia não é culpada, muito menos o governo, ou o preço do combustível ou do dólar.

Todas as pessoas de sucesso estão sujeitas às mesmas condições externas. O que as diferencia é a forma como reagem diante dessas condições. Elas não se paralisam, não terceirizam culpa e nem ficam de *mimimi*. Elas aceitam a situação, avaliam o cenário e agem para superá-lo.

Reclamar não resolve problemas. Buscar por soluções e decidir corretamente o caminho a trilhar, sim.

Olha, é claro que alguns acontecimentos podem atrapalhar o nosso percurso, nossa carreira, nossos projetos de vida. E eu sei que parece difícil ser 100% autorresponsável, e é. Eu mesmo estou longe do ideal. Já me peguei reclamando ou terceirizando culpa, porque isso é muito mais confortável do que a autocobrança pela mudança.

Mas, por acreditar tanto na autorresponsabilidade, logo eu corrijo meu pensamento, me posiciono como protagonista e volto a pensar e agir racionalmente.

A partir de hoje, sempre que você perceber que está se comportando como um perdedor, vitimista e mimizento, como abordamos neste capítulo, ponha-se ereto, respire e fale: *"Pare de ser bunda-mole! Eu sou o responsável pelos meus resultados e só eu posso transformá-los!"*

Pense comigo. O simples fato de assumir a responsabilidade sobre tudo que te acontece te dá o incrível superpoder de transformar sua realidade e seu futuro. Se onde você está hoje não é onde você queria estar, mas você assume que foi você que te trouxe até aí, logo, só depende de você mudar isso nos próximos anos, com melhores ações e decisões a partir de agora.

A noção de autorresponsabilidade te faz perceber que qualquer consequência pode ser prevista de acordo com suas atitudes. Que os resultados estão em suas mãos, porque suas ações estão sob seu controle e somente elas são capazes de trazer melhores resultados.

E, por fim, para realmente deixarmos um legado diante desta nossa transformação em seres humanos autorresponsáveis, sem vitimizações e nem *mimimis*, temos também que **tratar nossos valores**. Superarmos essa dicotomia de forma contundente, promovendo o coletivismo em detrimento do individualismo, respeitando mais o próximo, entendendo que nossa missão na Terra é, de alguma maneira, amar, servir e gerar algo de valor.

Uma das leis da vida é: não faça com os outros o que você não gostaria que fizessem com você ou com sua família. Imagine só quantos problemas deixaríamos de ter se todos respeitassem esse princípio básico da vida em sociedade?

Lembra-se do pânico causado pelo coronavírus? Essa época provou para todos nós como somos frágeis, como a vida é efêmera e como dependemos uns dos outros. Que na hora de um problema dessa magnitude não há cor de pele, sotaque, religião, ideologia política, opção sexual ou time de futebol que nos distinga. Somos indivíduos, que são fracos sozinhos e por isso não há espaço para preconceitos, egoísmos e desamor.

Gosto da visão de Cortella[1] quando ele diz: *"Você é um entre 7,7 bilhões de indivíduos, pertencente a uma única espécie, entre outras 3 milhões de espécies classificadas, que vive num planetinha, que gira em torno de uma estrelinha, que é uma entre 100 bilhões de estrelas que compõem uma galáxia, que é uma entre outras 200 bilhões de galáxias num dos universos possíveis e que vai desaparecer."*

Somos, conceitualmente, pequenos. Não somos fracos, não somos pouco, não somos descartáveis, mas somos pequenos. E isso, por si só, deveria nos fazer refletir sobre a imperatividade do respeito à coletividade já que minha relevância, quando indivíduo, é mínima.

Acompanhamos tantos absurdos, uma completa ausência de tolerância, a emoção suprimindo totalmente a razão, pessoas se odiando por divergências políticas e religiosas, assassinatos entre torcedores de diferentes times de futebol, concorrentes que competem com deslealdade por clientes, tanta gente com o espírito limitado que dilacera sua autenticidade e seus valores pela fama, por *likes* e seguidores nas redes sociais.

Não teremos evolução se não formos peças fundamentais nela. Não devemos responder pedra com pedra, aço com aço, ódio com ódio. Nunca tomaremos as melhores decisões se formos conduzidos pelos valores morais e éticos incorretos.

O autorresponsável sabe que a mudança do mundo começa dentro de cada um de nós. Não importa o que os outros fazem, o que importa é o que você faz, porque no fim do dia quem dorme no seu travesseiro é sua consciência, não a deles.

---

1 CORTELLA, Mário Sérgio. *Qual é a tua obra?* 24. ed. p. 26-27.

É tempo de profunda transformação, interna e externa. Por isso, esse livro está em suas mãos.

É tempo de assumir a braçadeira de capitão da sua vida. Você tem deveres que precisam ser cumpridos com o seu melhor. Você não tem o direito de ter preguiça e nem de se acomodar, porque sua família precisa de você, a sociedade precisa de você, o planeta precisa de você. De você, de mim, de nós todos.

PAPO RETO
COM O AUTOR

Vamos lá, agora somos eu e você. Sem teorias e sem fugas, com objetividade e assertividade. Um papo reto entre amigos, conduzindo e sugerindo reflexoes em busca do seu crescimento. Abra a cabeça e o coração.

Como você reage diante dos problemas da vida?

Você acha que é excelente, que é exemplar e que a culpa pelos seus infortúnios é de todo mundo, menos sua, ou você tem assumido sua parcela de culpa pelos resultados que obtém?

Você se desespera quando confrontado, levando tudo para o lado pessoal, erguendo-se em hipocrisia e preferindo atacar a honra das pessoas ou se defender com discursos vazios, ou você contra-argumenta com profundidade, respeita as adversidades e compreende que as discussões são territórios férteis para o nascimento de grandes ideias?

Você é "reclamão", negativo, aquela pessoa que pensa que tudo está ruim, que prefere falar de pessoas do que debater ideias, que é fútil, pequena, sem nada a agregar para ninguém, ou você aceita a sua realidade e faz sua parte para melhorá-la, dando o seu melhor todos os dias, servindo, agregando valor, levando alegria à vida das pessoas, trabalhando duro para honrar a Deus e sua família e cheio de esperança por um futuro melhor?

Pense em um caso concreto. Você já foi surpreendido com uma demissão em um antigo emprego? Se sim, como você reagiu? Se não, imagine como reagiria.

É comum mencionar a palavra injustiça. Acreditar não ser merecedor dessa punição. Culpar o chefe, aquele colega invejoso que jogava sempre contra você no ambiente de trabalho ou condicionar sua demissão à situação econômica do país. Pode sim ter havido um complô, ou talvez a empresa estivesse passando por uma situação financeira delicada e precisou reduzir despesas e, assim, sua cabeça foi cortada. Entretanto, ficar reclamando e escorar-se nessas justificativas não te ajuda em nada, pois é você buscando culpar o ambiente e não a si mesmo pelas consequências da vida.

O autorresponsável sabe que alguns fatores externos influenciaram na sua demissão (aceita a realidade), porém ele não se esconde atrás disso. Você não deve se eximir da sua responsabilidade e precisa compreender que, se tivesse sido um melhor funcionário, se dedicado mais, entregado mais resultados, chegado mais cedo, saído mais tarde, tido mais iniciativa, resolvido aqueles problemas, ajudado mais seus colegas, sido mais educado e simpático no ambiente de trabalho, você provavelmente não teria sido demitido, porque teria maior valor para a companhia. Busque dentro de si o que poderia aprimorar para que o resultado seja diferente na próxima oportunidade.

Você já foi abandonado por alguém quem estava apaixonado? Quais foram seus sentimentos e comportamentos naquele momento?

É claro que você se entristeceu. Me espantaria se fosse o contrário. Pode ter ficado com raiva. Talvez seu parceiro até tenha te traído, tenha sido um cafajeste, realmente fosse uma pessoa que não merecia seu amor e o pé na bunda foi um livramento. Porém, avaliar um rompimento apenas sob a ótica dos erros do parceiro é limitar sua evolução diante da ausência de autocrítica. É vitimizar-se.

Independentemente da existência de erros do outro lado da relação, em algum momento, você olhou para dentro de si, buscou na história e refletiu acerca das suas atitudes e comportamentos? Daquilo que você fez, mas que poderia ter feito diferente? O que poderia ter feito a mais ou a menos? Seus erros? Suas decisões? Suas palavras? Você dialogava? Perguntava? Atendia? Houve respeito incondicional da sua parte? Demonstração verdadeira de amor? Esteve ao lado dele ou dela quando necessário? Pisou na bola quantas vezes? Como você era na cama, entre quatro paredes? Tenho certeza que você não foi excelente. Ninguém, simplesmente, abandona a excelência.

Seu filho já te respondeu com alguma malcriação? Além de corrigir seu filho ou culpar a professora ou os amigos do colégio, já parou para refletir como é o seu exemplo dentro de casa? Será que seu comportamento perto do seu filho não o está induzindo a reproduzir grosserias, palavras de baixo calão, estresse, respostas atravessadas e desrespeito?

A rotina intensa e exaustiva nos faz esquecer que todas as respostas para o progresso em nossa vida estão, exclusivamente, em nossos próprios comportamentos e ações. Olhar para fora é fácil, olhar pra dentro e assumir nossas falhas é que transforma. Ora ou outra você terá que enfrentar os seus fantasmas pessoais. Essas reflexões são importantes e te farão crescer.

PAPO RETO COM:

Ricardo Basaglia

Diretor Executivo da Michael Page & Page Personnel

Acesse agora a uma entrevista exclusiva em um PAPO RETO entre mim e este convidado super especial, onde debatemos os temas abordados neste capítulo e agregamos ainda mais valor para você.

Sem desculpas hein!
Te vejo no vídeo!

"O grande segredo da vida é que não há um grande segredo. Seja qual for seu objetivo, você vai atingi-lo se estiver disposto a trabalhar."

OPRAH WINFREY

CAPÍTULO 2

NADA SUPERA O TRABALHO DURO

A RUPTURA COM A MEDIOCRIDADE

Eu fui um aluno com ótimas notas no colégio, no entanto, era o "líder da turma do fundão". Minha inquietude e ansiedade já eram nítidas desde criança. Eu, simplesmente, nunca consegui ficar muito tempo parado.

Fui suspenso algumas vezes, levei incontáveis advertências e tomei diversos castigos com, no mínimo, centenas de puxões de orelha da minha mãe.

Me lembro que, apesar das boas notas, eu adorava zombar dos CDFs (atualmente, leia-se, *bullying*), que eram aqueles que sentavam na fileira da frente, exemplares, sempre atentos, que as professoras protegiam, que tiravam notas ainda melhores que as minhas e que, todos, entraram em grandes universidades.

Veja só. Percebe que eu perturbava e caçoava quem era **melhor do que eu**? O meu objetivo consciente era simplesmente bagunçar e chamar a atenção, mas, inconscientemente, era de atrapalhar as pessoas melhores do que eu para que descessem ao meu patamar. Era puxá-los para baixo, para o nível da mediocridade.

Ser medíocre significa contentar-se com a média, ser mediano, insosso, razoável, morno.

Uma frase de Jesus, conhecida pelos cristãos, retrata o medíocre na Bíblia: *"Conheço as suas obras, sei que você não é frio nem quente. Melhor seria que você fosse frio ou quente! Assim, porque você é morno, não é frio nem quente, estou a ponto de vomitá-lo da minha boca."*[1]

São diversas as interpretações a respeito dessa passagem, mas um ponto irrefutável é a conclusão de que o morno pouco tem de utilidade.

Aquele que é morno é a típica ovelha da fábula "Maria-Vai-Com-As-Outras", não tem autenticidade, não tem opinião própria e, por isso, escolhe seguir a multidão, seguir o bando, fazer o que os outros estão fazendo sem questionamentos.

Se pensarmos como a maioria pensa e agirmos como a maioria age, consequentemente, teremos o que a maioria tem. Mas queremos ter o que a maioria tem? Queremos fazer parte da média? É essa a nossa missão?

O medíocre concorda em ser coadjuvante, pois prefere viver às sombras do protagonismo. Ele não se incomoda em ser apenas estatística, em não ter seu nome lembrado. Não se preocupa em evoluir, nem em agregar valor e servir. Ele faz a parte dele, paga suas contas, paga seus impostos, provê o sustento da família e acredita que isso é o suficiente.

Isso é básico. E o básico é bom. Mas o bom é inimigo do ótimo. E quem se contenta com o bom é claramente medíocre, porque não tem ambição, acomodando-se no estável.

---

[1] Bíblia Sagrada. Apocalipse 3:15-16.

É difícil livrar-se da mediocridade quando ela está arraigada na sociedade, quando a própria sociedade prestigia o razoável. Ora, qual a real vantagem em tirar nota dez na prova ou tirar nota seis, se ambas servem igualmente para um aluno passar de ano? Ou, para que pagar mais a um profissional extremamente produtivo se existe uma tabela, se algum anencefálico definiu um piso, um teto e, consequentemente, uma média salarial àquela profissão ou serviço específico? Não seria justo que todo e qualquer funcionário recebesse exatamente por aquilo que produzisse, de acordo exclusivamente com seu mérito? Bem, isso já está, aos poucos, mudando nas empresas modernas.

Eu zombava daqueles que se destacavam, pois eu era medíocre e a mediocridade sempre foi institucionalizada, sempre foi o padrão da massa. Disso surge uma valiosa lição.

Insetos não são atraídos por lâmpada apagada e ninguém joga pedra em árvore que não tem frutos.

Ou seja, saiba que a partir do momento que você decidir acender e ascender, brilhando e elevando-se do patamar que se encontra, você será criticado, difamado, atacado. Mil âncoras tentarão te afundar, você será considerado um desertor do seu povo medíocre ou será isolado como se fosse portador de alguma doença altamente contagiosa.

É uma escolha. Permanecer em meio aos medíocres, sendo eternamente um deles, ou destacar-se e estar disposto a encarar a chuva de flechas, como Leônidas.

Antes, é importante você saber que apenas quem encara a chuva de flechas entra para a história. Somente quem é grande entra para a história. Ou você já ouviu falar de "Alexandre, o *Médio*"?

Enquanto eu era o advogado "Dr. Carlos Eduardo", levando a vida como a maioria leva, mantendo a rotina da maioria, conversando sobre o que a maioria conversa e ganhando o que a maioria ganha, eu era aceito pela maioria.

Mas por que somos assim? Por que tratamos a mediocridade como algo familiar e comum e o sucesso como algo quase impossível e extraordinário? Bem, falaremos disso nos próximos capítulos, mas existe uma explicação educacional e cultural para convivermos naturalmente no medíocre. O que não existe é uma explicação externa para permanecermos nele.

Quando decidi abandonar o *status* para empreender e iniciar minha carreira no marketing de relacionamento, muitos amigos escolheram me difamar, não quiseram saber se eu estava infeliz na advocacia, ou o motivo da minha decisão. Simplesmente não me apoiaram e viraram as costas.

Alguns acharam um absurdo um jovem e promissor advogado, formado por universidade pública, com pós-graduações no currículo, largar tudo para se tornar – pejorativamente – um vendedor. Poucos, bem poucos, souberam compreender minha transição, me deram forças e estão comigo ou em meu coração até hoje.

Senti na pele como meus colegas de colégio se sentiam quando eu zombava deles por serem melhores e mais exemplares do que eu.

Não guardo absolutamente nenhum rancor. Consigo entender completamente o coração e as angústias das pessoas que pensam e agem como a maioria, porque já fui parte disso, mas precisei romper com tudo isso para ir além.

Fazer o que poucas pessoas estão dispostas a fazer, conquistar aquilo que todas as pessoas gostariam de conquistar. Esse é o lema do *antimedíocre*.

É impossível subir no pódio se dedicando mais ou menos. Ser um pai exemplar, cuidando e educando seus filhos mais ou menos. Ser um líder, tendo uma atitude mais ou menos. Ser uma pessoa de sucesso, se dedicando ao seu serviço mais ou menos.

Cortella[2] diz que *"num mundo competitivo, para caminhar para a excelência é preciso fazer o melhor, em vez de contentar-se com o possível"*. Em outras palavras, o diferencial competitivo do século está no extraordinário e não no ordinário. Está em entregar mais e melhor do que aquilo que a maioria entrega. Está em afastar-se, física e conceitualmente, da mediocridade.

Sabe aquele tipo de gente que é "boazinha", "amiguinha", "queridinha", "legalzinha", "engraçadinha"? Pois é. Quem tem esse tipo de personalidade nunca se destaca. Gente muito "inha" não transmite seriedade, segurança e credibilidade no trabalho e nos relacionamentos. Nunca serão prestigiados, reconhecidos e aclamados. Quem é "inho" nunca será "ão", e você precisa ser "ão" para sair da média.

Convido você a rompermos juntos com a mediocridade! A nunca mais fazermos nada "meia-boca", a nunca mais nos entregarmos pela metade! Superarmos o cansaço, o estresse, a rotina desorganizada, qualquer tipo de desculpas e nos cobrarmos diariamente pelo nosso melhor, não pelo nosso possível!

---

2 CORTELLA, Mário Sérgio. *Qual é a tua obra?* 24. ed. p. 82.

E como fazemos isso? Como nos livramos da mediocridade?

Seguem duas maneiras especiais, que funcionaram substancialmente para mim:

a) Aplique, em sua vida, a famosa **Lei da Associação**, que nos ensina que seremos sempre a média das cinco pessoas com as quais mais convivemos e, em tempos de redes sociais, mais curtimos e acompanhamos.

Comece, portanto, analisando o que a maioria das pessoas sem os resultados que você gostaria estão fazendo e evite reproduzi-los. Você precisará afastar-se dos hábitos e comportamentos corriqueiros que nós dois sabemos que não agregam em nada à sua vida ou à vida de outras pessoas.

Vai precisar, inclusive, fazer uma limpeza nas suas redes sociais, parando de seguir pessoas e passando a seguir conteúdo. Elimine, especialmente, as pessoas rasas com discursos profundos, os falsos gurus reprodutores de livros consagrados e teorias frágeis sobre a vida real. Só entende sobre a vida real quem realmente a vive ou viveu.

Igualmente, afaste-se fisicamente das pessoas que você sente que te puxam para baixo, afaste-se das âncoras, dos vampiros que sugam sua energia e positividade e dos ladrões invejosos que roubam seus sonhos e desejos. Deixe de ter apego emocional àqueles que te fazem mal. Elimine os tóxicos.

Exemplifico. Se você deseja se tornar uma fisiculturista, mas você não tem uma dieta adequada e a maioria das amigas com quem convive comem mal e são sedentárias, você vai precisar mudar seu hábito alimentar e vai ter que se afastar momentaneamente dessas amigas que te levam para o lado oposto ao seu objetivo.

Mas apenas isso, não basta. Você precisará voltar a sua atenção para acompanhar e aproximar-se das pessoas de alta performance que conquistaram aquilo você almeja naquela determinada área da sua vida. Que já chegaram ao topo. Leia biografias, veja vídeos, escute áudios e, se possível, pergunte a eles o que fizeram para chegar lá e modele-os.

Modelar é compreender e reproduzir um padrão de hábitos, comportamentos e ações de quem você escolhe seguir, sem perder a sua autenticidade. Ou seja, mantendo sua essência, dando o seu toque especial e não se tornando uma cópia barata.

Então, se você quer ser uma fisiculturista e já eliminou o que te atrapalhava, é hora de nutrir-se do que te alavancará. Siga nas redes sociais pessoas que possam elevar seu padrão, que possam te inspirar e ajudar em seu propósito. Faça novas amizades. Esteja mais próximo de profissionais da nutrição, da educação física e de outras pessoas que também estão nessa jornada ou que já chegaram lá e são vencedores.

Quando você for o melhor de um grupo, troque de grupo. Procure seu correto grupo de *master mind*.

O mesmo método serve para família, trabalho, espiritualidade, e todos os outros objetivos que você tenha na vida. A mediocridade tende a desaparecer quando você se aproxima das pessoas certas, até que você se torne a pessoa certa.

b) Mesmo que tudo pareça difícil, mesmo que você talvez não consiga trocar completamente de companhias, de ambiente e de relacionamentos, você conseguirá se destacar se você

exalar esforço! Precisará se fechar em seu propósito e se dedicar mais que os outros, brilhar mais que os outros, transpirar mais que os outros, estudar mais que os outros e trabalhar mais que os outros. Isso fará com que você, depois de alguns anos, torne-se líder dos outros, passando a ser fonte de inspiração para que eles também saiam da mediocridade.

TALENTO VS ESFORÇO

Talento é a inclinação natural para desempenhar determinada função ou atividade com maestria.

Sinceramente, mesmo depois de anos liderando pessoas, eu não consegui concluir se o talento é nato ou é desenvolvido quando ainda somos crianças, modelado pelos nossos primeiros convívios e pelo ambiente. Entretanto, é fato inequívoco que certas pessoas possuem uma facilidade maior para determinadas atividades do que outras. Trazem consigo um conjunto de aptidões para algumas funções e profissões.

Obviamente, se esse talento não for desenvolvido e explorado, não terão serventia alguma na vida da pessoa.

Esforço é a utilização de grande intensidade de força, quer intelectual, quer física, para a realização de determinada função ou atividade.

Eu me tornei um excelente *networker* e empresário, não porque eu tive uma facilidade natural para ser, mas porque eu compensei minha completa falta de talento, em diversas tarefas e habilidades inerentes à função, com muito esforço, tanto no estudo quanto no trabalho.

Tive que superar minha falta de habilidade na condução dos meus projetos com transpiração, *hard work*, me aplicando e dedicando muito mais que os outros.

Eu descobri que não estava sob meu controle ter ou não ter facilidade para desenvolver alguma tarefa. Mas estava sob meu controle acordar mais cedo, dormir mais tarde, me capacitar mais, trabalhar mais e produzir mais. E isso está, também, sob seu controle.

Descobri que, no mundo dos negócios, você não precisa necessariamente ser talentoso, porque o esforço também te faz ficar excelente.

Lembro-me de um programa, onde o mestre Silvio Santos, respondendo a uma pergunta sobre como se ganha tanto dinheiro, disse que o segredo era *"10% inspiração e 90% transpiração"*.

Voilà! Foi assim que construí minha história e é dessa maneira que ainda busco me aprimorar.

Há alguns anos, por exemplo, analisei alguns dos meus grandes mentores e aceitei que eu não tinha o talento deles de domínio da plateia em uma palestra. Eles pareciam aqueles encantadores de serpentes indianos. Assistia boquiaberto a seus discursos, como eles conseguiam interagir com o público, postura, tom de voz, fazer rir, chorar, manter a plateia conectada por horas e, tudo isso, naquele silêncio ensurdecedor, sem jamais precisar pedir por esse silêncio.

Ah, como eu queria isso! Era incrível! Como eu queria sentir essa energia, encaixar uma sintonia perfeita entre meu conteúdo e minha audiência, tocar a alma de cada um sentado nas cadeiras à minha frente e conseguir verdadeiramente sentir que eu agreguei o máximo de valor possível àquelas vidas.

O que eu fiz? Simplesmente iniciei um processo focado e imersivo de desenvolvimento. Passei a devorar conteúdos sobre oratória, postura em palco, assisti vídeos de palestras de grandes ícones deste segmento, li alguns livros e logo passei a treinar. Não adianta só estudar. Para se tornar excelente, é preciso de muita prática. Não há melhor professora do que a Sra. Repetição.

Sempre que palestrava em algum pequeno evento de uma cidade, eu já aproveitava para implementar e praticar determinada técnica que tinha estudado e desenhado dias antes. Na semana seguinte, outros eventos, outras técnicas e inovações.

Ao final, coletava *feedbacks* com os organizadores e empreendedores locais e ia me lapidando. Esses eventos foram me preparando, e eu me esforçava para que cada coisa que eu aprendesse fosse testada. E o processo manteve-se assim por anos.

Até que, naturalmente, comecei a ser mais reconhecido por minha performance, a receber mais elogios e, o que mais me motivava, a receber mais agradecimentos por ter ajudado mais pessoas, por ter agregado mais valor. À medida que melhorava, eu impactava positivamente mais pessoas e isso me motivava a melhorar ainda mais e a não parar. Entrei em um *flow* incrível de desenvolvimento e de melhoria contínua.

Hoje, lá se foram mais de mil eventos durante minha carreira. Eventos em cidades grandes, pequenas, eventos vazios, eventos cheios e eventos onde palestrei para mais de 15 mil pessoas, sempre me esforçando para melhorar e inovar.

"O grande segredo da vida é que não há um grande segredo. Seja qual for seu objetivo, você vai atingi-lo se estiver disposto a trabalhar."
Oprah Winfrey

Sendo assim, se você, como eu, não é dotado de grande talento dentro daquilo que escolheu fazer da vida, não se preocupe. Compense com mão na massa e coragem. Você tem que trabalhar duro, até que seus amigos comecem a dizer: *"Deve estar roubando."*

Acredite. O mundo remunera muito bem o esforçado e o corajoso.

Eu sei que você que está lendo este livro é esforçado. O que preciso te dizer é: continue assim, não esmoreça, porque você será recompensado!

Um dos gigantes do empreendedorismo brasileiro, Flávio Augusto da Silva, trouxe uma lição valiosa e uma profunda reflexão em Geração de Valor, v. I: *"Vi muita gente talentosa perdendo chances incríveis por ter amarelado quando deveria ter agarrado a oportunidade de mudar de vida. Afinal, o destino não privilegia os covardes."*

O esforçado sempre vencerá o talentoso, se o talentoso não for esforçado.

Sugiro que você assista ao documentário *O Preço da Grandeza*, no qual Kobe Bryant, um dos maiores jogadores de basquete de todos os tempos, que faleceu tragicamente em um acidente de helicóptero com sua filha e mais sete pessoas, conta parte de sua história e nos brinda com diversos ensinamentos.

Ele conta, por exemplo, que quando tinha 11 anos de idade era o pior jogador do seu colégio, sem marcar nenhum ponto sequer naquela temporada, mas que aos 14 anos já havia se tornado o melhor jogador de basquete do seu estado, condicionando este salto de qualidade e performance à quantidade de treinos que fazia todos os dias em comparação com as outras crianças, que treinavam apenas duas vezes por semana.

Em um determinado momento da carreira como atleta, ele confidencia que, enquanto seus concorrentes à vaga do time treinavam duas vezes ao dia, ele acordava às quatro horas da manhã e treinava duas ou três vezes mais durante o dia do que os outros atletas. No prazo de cinco anos, a distância de qualidade entre eles ficou tão grande que não importava o que os outros fizessem de treinamento, não importava o nível de dedicação deles, eles nunca mais o alcançariam.

Esforço. Dedicação. Trabalho duro. Uma simples questão matemática de quanto você se empenha em comparação com os outros.

HARD WORK E SUPERAÇÃO

"No que diz respeito ao empenho, ao compromisso, ao esforço e à dedicação, não existe meio termo. Ou você faz uma coisa bem-feita ou não faz."

Essa frase icônica do meu maior ídolo nos esportes, Ayrton Senna, norteia minha vida há anos.

Você já deve ter ouvido falar que ele foi o maior piloto de Fórmula 1 de todos os tempos, mas que sua habilidade de guiar na chuva era incomparável. Realmente, me arrepio quando revejo algumas corridas dele pela internet. Velocidade e manobras inacreditáveis. Que saudade dos domingos de manhã com o Senna.

Contudo, poucos sabem que, para chegar a esse nível de excelência, sempre que chovia, ele parava o que estava fazendo, independentemente de onde estivesse, mesmo de férias, pegava seu kart e ia para o autódromo guiar na chuva, a fim de treinar e evoluir. Ele me inspirou profundamente e me recordo com lucidez do meu choro copioso no banheiro de casa quando a morte dele foi anunciada em 1994.

Quando criança, eu observava que toda minha família trabalhava muito, todos pegavam pesado no batente. Meu pai, meu padrinho e meus tios foram exemplares no quesito trabalho duro. Mas as mulheres da minha família, ah, as mulheres, sempre foram guerreiras superpoderosas. Minhas tias, minha madrinha e, especialmente, minha avó e minha mãe foram as grandes responsáveis pelo homem que me tornei.

Minha mãe trabalhava numa cidade vizinha e por isso todos os dias, inclusive aos sábados, com tempestade ou com sol escaldante, precisava subir e descer quinze sinuosos quilômetros de serra dirigindo um Fusquinha branco que ela tinha.

Teve que superar os mais diversos desafios pessoais e profissionais de uma mãe solteira numa cidade do interior para bancar meus estudos e sustentar um pequeno apartamento de dois dormitórios onde vivíamos eu, ela e minha avó, esta que também ajudava no que podia, com sua aposentadoria de professora e cuidando de mim enquanto minha mãe trabalhava.

Elas foram meu grande alicerce, meu exemplo de resiliência, de determinação e de que, se você trabalhar duro e com integridade, nada é impossível. Elas me ensinaram desde cedo, ainda que empiricamente, que, neste mundo onde vivemos, é indispensável sermos fortes e laboriosos, porque a vida não vai passar a mão na nossa cabeça.

Minha mãe e avó tinham deveres e responsabilidades. Meu pai, minha família inteira, assim como você, sua família e eu temos deveres e responsabilidades. Não somos diferentes. Estamos todos no mesmo barco. Por isso te digo: Erga-se! Não há tempo a perder! Se você tem objetivos claros e tem uma família para amparar, não há espaço para vitimização e nem procrastinação.

Aliás, para mim, procrastinação é a maneira elegante do preguiçoso assumir sua culpa.

Um ser humano com o mínimo de honra e hombridade não tem o direito de cruzar os braços e ficar ocioso, reclamando da situação de merda que se encontra naquele momento. Precisamos tomar vergonha na cara e arrumar energia em nosso propósito para nos dedicarmos, superarmos qualquer desafio e para conquistarmos coisas grandiosas em nossa vida.

Dedicar-se 99% constitui 100% de chances de fracasso. Dedicar-se 100%, constitui 100% de chances de sucesso. Ou somos inteiros, ou não somos nada.

Em um momento da minha história, faleceram pessoas importantes que deixaram minha família sem chão por alguns anos. Ainda que inconscientemente, tomei para mim a obrigação de vencer, de superar mais esses desafios, de retribuir tudo que minha família fez por mim, de deixá-los orgulhosos e de construir a minha linhagem com mais abundância e prosperidade. Se eu não fizesse nada pelo meu futuro e pelo futuro da minha família, ninguém mais faria.

A partir desse momento eu decidi me tornar imparável. Comprometer-me com absolutamente tudo que eu me propusesse a fazer e fazer tudo dar certo. Muita coisa deu errado, mas muita coisa deu certo, afinal, cá estou eu. Experienciei as mais variadas circunstâncias, caí, levantei, perdi, ganhei e cheguei a algumas constatações e conclusões em minha jornada referentes ao trabalho duro e superação, e quero compartilhá-las com você.

A fórmula

Sempre adorei ler biografias. Minhas principais fontes de inspiração são as histórias de quem marcou uma época. E o maior desafio de quem trabalha com liderança e desenvolvimento pessoal-profissional é encontrar "a fórmula". Aquela mistura química certeira, de pensamentos, comportamentos e ações que erguerão uma pessoa ao sucesso. Napoleon Hill viveu uma vida dedicada a isso e, talvez, tenha sido o homem que mais chegou perto disso em *A Lei do Triunfo*, mas, ainda assim, longe da equação perfeita.

Todavia, se existe uma característica comum a todos os vencedores, um ingrediente essencial a esta fórmula, é o trabalho duro. Talvez você não seja organizado, e eu conheço pessoas de sucesso que não são. Talvez você seja avoado, tenha dificuldade para se concentrar, e eu conheço pessoas de sucesso que também têm. Talvez não tenha desenvolvido sua parte criativa, e conheço pessoas que igualmente não são criativas, mas são muito bem-sucedidas.

Só que todas, absolutamente todas as pessoas que venceram, são extremamente dedicadas. São pessoas que, se preciso for, passam diversas noites seguidas em claro para cumprir com suas tarefas e que, normalmente, entregam bem mais do que sua obrigação.

Compreendem que, para ter sucesso, é preciso trabalhar enquanto outros descansam, produzir enquanto outros dormem, manter-se em alta rotação enquanto outro se esticam no sofá e se sabotam em frente à televisão, que é preciso tomar decisões e agir enquanto os outros procrastinam, reclamam e se vitimizam.

Portanto, faça silêncio enquanto você trabalha durante a madrugada em busca de suas realizações, pois os medíocres estarão dormindo.

Que tipo de pessoa é você e que tipo de pessoa você será a partir de agora?

Autocobrança

Você precisará manter um elevado nível de autocobrança se quiser vencer. Um nível que exija mais de você, mas que não te machuque ao ponto de paralisá-lo. Vai ter de se colocar sobre uma corda-bamba, numa linha tênue entre o máximo e o *over*. Ou seja, você precisará carregar sim o maior peso nas costas que puder, mas sem exagerar para não te aleijar.

Os negligentes não têm vez. Quem só quer tapa nas costas e carinho não têm vez. Negar suas responsabilidades e deveres é a pior maneira de lidar com eles. Acomodar-se e conformar-se com o que conquistou hoje te entorpecerá. A preguiça e o ócio viciam.

Uma boa maneira de medir se você está dando o seu melhor e de autocobrar-se é fazendo-se a seguinte pergunta diariamente: *Caso eu fosse funcionário de mim mesmo, eu me demitira ou promoveria, de acordo com minha produtividade atual?*

O fracasso e as vitórias

Você vai fracassar diversas vezes, mas o **fracasso e o erro** são seus amigos. Se você trabalhar duro, é certo que você cometerá muitos erros. É comum, por exemplo, para quem trabalha duro, apresentar um estresse mais elevado e, quando estiver em casa, pode acabar falhando com sua família, descontando despropositadamente em quem te ama.

*"O fracasso é um evento, não uma pessoa.
Ontem terminou na noite passada."*
Zig Ziglar

Aliás, essa história de "não levar trabalho para dentro de casa" é estupidez. Nós somos a mesma pessoa em casa e fora dela. Trabalho, família e lazer, dentro de alguém, são assuntos indissociáveis e estão em nossa consciência independentemente de onde nós estivermos fisicamente. Por isso, a vida exige ainda mais de todos nós, mais tolerância, respeito, serenidade e racionalidade.

Cada vez que você errar, ou seja, que o resultado da sua ação não for aquele que você gostaria, surge uma grande oportunidade para você melhorar, refletindo e avaliando o que poderia ter feito para atingir um resultado melhor.

Caso não queira errar, ou tenha um medo caricato do fracasso, melhor mesmo ficar deitado no sofá da sala mexendo no umbigo e não atrapalhar quem está correndo. É impossível ter sucesso sem passar pelos erros. O insucesso é parada obrigatória em direção ao sucesso.

Agora, saiba que você também vai acertar! Você também colherá vitórias durante o processo. Temos a tendência de achar que apenas os desafios nos ensinam, mas as bênçãos podem nos ensinar ainda mais. É importante que comemore, mas é indispensável que você se atente às lições ocultas das conquistas, para que não pare de repetir aquilo que vem dando certo.

Alta produtividade e alta performance

Muito se fala atualmente em alta performance, que, para mim, pragmático e objetivo, nada mais é do que entregar números e resultados extraordinários em sua atividade, bem acima da média. Leio livros, artigos e acompanho alguns influenciadores que dão a impressão de transformar, conceitualmente, o profissional de alta performance em algo perfeito, inatingível, quase um extraterrestre com habilidades e competências que eu, particularmente, nem sabia que existiam.

O que eu quero te dizer é que, para atingir resultados expressivos, seu foco não deve ser a alta performance, pois ela está condicionada à alta produtividade inicial. Nessa sim, você deve investir seu tempo e lapidar suas habilidades. É impossível ser excelente sem antes ser constante e intenso.

Primeiro trace seu plano de produção, aumente seus números, desenvolva suas fraquezas, explore ainda mais suas virtudes durante o processo e, depois, busque estratégias de otimização. Como você pode fazer mais e melhor com os recursos que dispõe.

Quanto mais você faz, melhor você fica. Quanto melhor você fica, mais você entrega. Quanto mais você entrega, mais valor para o mercado você tem.

Sacrifícios

Haverá privações. Durante certo período, teremos que sacrificar alguma coisa, algum prazer, algum direito, algum momento de descanso, se quisermos colher resultados excepcionais e realizar nossos sonhos.

Eu não acredito em equilíbrio durante a busca pela alta performance. Temos que desequilibrar nosso foco e atenção, momentaneamente, de algum pilar da nossa vida para atingir o sucesso em outro pilar e, só depois, reequilibrá-los.

Em algum momento você estará mais determinado a crescer financeiramente e, para isso, terá que sacrificar o foco, o tempo e a atenção à família, por exemplo.

Talvez seu foco agora seja sua saúde e, para isso, você tenha que deixar um pouco de lado suas finanças e seu pilar profissional.

O fato é que o desequilíbrio é necessário para atingir resultados excepcionais em qualquer pilar da vida.

Se quiser chegar a ser um bispo no Vaticano, terá que abdicar dos prazeres carnais. Se quiser ter o corpo que sempre sonhou, terá que abdicar dos lanches, da pizza, do chocolate e do sedentarismo. Se quiser ser um músico de sucesso, terá que abdicar da rotina fixa e de tempo com a família. Se quiser ser um médico de renome, terá que abdicar de noites de sono em plantões. Se quiser passar em um concorrido concurso público, terá que sacrificar *hobbies* e diversão com amigos para estudar.

Quanto maior a dor, maior o crescimento.
Quanto maior o crescimento, maior a dor.

Para construir minha rede de distribuição, que já faturou quase meio bilhão de reais entre 2012 e 2020, eu precisei, por exemplo, sacrificar tempo com a minha família. Essa foi minha moeda de troca. Cheguei a visitar 23 cidades pelo Brasil em 25 dias. Dormi em hotéis e casas de amigos, viajando milhares de quilômetros de carro, avião e ônibus. Vendi, ministrei treinamentos e recrutei novos distribuidores. Trabalhar foi fácil, ficar longe da família, não.

Minha esposa sempre me apoiou, sempre esteve ao meu lado, mesmo quando éramos namorados e eu estava cheio de dívidas começando essa minha nova carreira, meu novo negócio, sem saber onde ia dar. Também não foi fácil para ela. Nós dois sacrificamos nosso tempo juntos por um período.

Hoje, depois de alguns anos de intensidade no trabalho, somos completamente realizados e abençoados com prosperidade, tempo de qualidade e conseguindo contemplar e acompanhar o crescimento de nossa filha desde seu nascimento.

Quanto maior o sacrifício, maior a recompensa.

Resultados

O seu valor no mercado será cada vez mais proporcional ao que você entrega.

Foi-se o tempo em que cabelos brancos eram sinônimo de excelência, ou que a quantidade de diplomas pendurados na parede impunha respeito e aumentava o preço cobrado dos clientes.

Sua autoridade é medida pelos seus resultados e é isso que importa no mundo moderno dos negócios. Você pode ter vinte anos, sem nenhum diploma, não ter concluído o ensino médio, mas, se tiver resultados fazendo aquilo que faz, você será ouvido e respeitado.

Por outro lado, você pode ser uma pessoa simpática, orar a Deus todos os dias, gerar conteúdo, ter ótimas ideias, amar os animais e a natureza, fazer o bem, respeitar o próximo e cumprir com todos os seus outros deveres como cidadão e ser humano que, enquanto não você tiver resultado, não adianta espernear, não adianta reclamar, não adianta encher o saco, porque o mundo estará cego e surdo para você. Você será um anônimo pobre ou um pobre anônimo.

Quer resultados? Pare de se esconder atrás das redes sociais e vá para a rua crescer e enfrentar os desafios reais. Ninguém quer ter o resultado de alguém que não tem resultado nenhum.

E não espere por aplausos, flores e reconhecimentos. O maior prêmio para quem tem resultado deve ser o próprio resultado.

É cruel. Engole o choro, toma uma cerveja gelada, respira fundo e vamos para cima!

PAPO RETO
COM O AUTOR

Como eu sei que você deve ter lido, mas não deve ter colocado em prática, agora é a hora de tirar o lixo. Assim que você terminar este tópico, antes de começar a ler o próximo capítulo, sugiro que você acesse suas principais redes sociais e pare de seguir todas as pessoas que não te agregam em nada. Vá até seu menu de "amigos", exclua essas pessoas e só deixe lá aqueles que você segue por um motivo de real valor em sua vida ou em sua jornada.

Você pode até continuar gostando daquela pessoa, mas não pode mais permitir ser bombardeado diariamente por postagens e conteúdos inúteis e medíocres.

Outra coisa: deixa de ser preguiçoso, hein! Preguiça é característica daqueles que têm aversão ao trabalho, que são negligentes diante de suas tarefas. É sinônimo de vagabundagem e vadiagem. Você não acha que ser vagabundo é bonito, né? Então, acorda!

Caso a causa da preguiça não seja apenas falta de vergonha na cara (na maioria dos casos é só isso mesmo), é bom você procurar ajuda terapêutica, começar a praticar exercícios físicos, alimentar-se melhor e andar somente ao lado de gente boa, que eleva seu espírito, sua energia e sua motivação.

Gente preguiçosa é o tipo de peso que ninguém quer ter no barco. Mude logo e tire este pecado capital da sua vida. Caso você não seja um exímio e esforçado trabalhador, não só as portas da prosperidade não se abrirão, mas muito pior que isso, você estará destinado a uma vida repleta de desafios, problemas, dores, abandonos, angústias e solidão.

Por fim, reflita a respeito e defina qual destes pilares é o pilar prioritário neste momento da sua vida, que você quer canalizar seu foco e seu esforço para conquistar resultados formidáveis:

- **FÍSICO.** Sua saúde, seu corpo, sua alimentação, sua autoestima, qualidade do sono, prática de exercícios físicos.
- **SOCIAL.** Sua família, seus amigos, tempo de qualidade com quem você ama, estar ao lado dessas pessoas em seu lazer, seus hobbies, construir e cultivar relacionamentos, frequentar ambientes propícios para isso.
- **FINANCEIRO.** Trabalho, investimentos, crescer em sua carreira, aumentar o seu padrão de vida, ascender socialmente, adquirir bens materiais, acumular riqueza, conquistar independência financeira.
- **EMOCIONAL.** Cuidar da sua mente, nutrindo-se de bons sentimentos, evitando negativismo, estresse, sensações

ruins, doenças emocionais e conquistar qualidade de vida e tranquilidade.

- **ESPIRITUAL.** Conhecer-se mais profundamente, aproximar-se de Deus, dos seus ensinamentos, compreender sua criação, sua missão em vida, estar em paz consigo, com sua alma, com sua essência, ser bom e fazer o bem.

"Ah, Kadú. Eu quero ser excepcional em todos!".

Querer, todo mundo quer! Mas você já aprendeu que não dá para conquistar isso simultaneamente em todas as áreas. Se você quiser elevar seus padrões e suas notas em todos os pilares da vida, você terá que priorizar um por um. Um ser humano não consegue equilibrar tantos pratos de uma só vez.

E priorizar um significa, obrigatoriamente, sacrificar outro.

A partir dessa escolha, você precisará se atentar a dois detalhes fundamentais:

- **Comunicação:** converse com as pessoas, com Deus, com você mesmo, para estar em paz com a decisão que você tomou. Muitos se perdem na busca pela independência financeira, por exemplo, porque não comunicam seus familiares sua ausência momentânea e nem compartilham seus sonhos e ambições com seu cônjuge. Outros não conseguem passar em um concurso público porque não conversam com seus amigos pedindo compreensão.

- **Desequilíbrio inteligente:** cuidado para não "zerar" um pilar. De nada vai adiantar você ter sucesso financeiro se perder por completo sua saúde. E também de nada vai adiantar conquistar o corpo que sempre sonhou, mas estar pobre, cheio de dívidas, sendo despejado da sua residência. A tristeza baterá profundamente à sua porta. Então, os sacrifícios devem existir, mas com consciência, sem deixar algum pilar completamente de lado.

Esse foi um dos meus maiores erros na minha trajetória em busca da independência financeira. Eu coloquei tanto foco e intensidade no trabalho que, literalmente, esqueci da minha saúde e quase permiti que ela chegasse ao fim. Estresse, sobrepeso, sedentarismo, tabagismo, tudo contribuía para um fim trágico, onde o dinheiro que eu ganharia seria todo destinado para pagamento de tratamentos e remédios no futuro. Sorte que me dei conta disso antes de ter qualquer problema grave e consegui, anos depois, me reequilibrar, colocando o pilar físico em primeiro lugar. Entretanto, até hoje pago o preço dessa falta de inteligência no desequilíbrio.

Eu gosto de, a cada virada de ano, escolher um desses pilares e dedicar mais do meu tempo e energia nele. Por anos, tive no pilar do trabalho meu foco central e consegui elevar absurdamente meus resultados. Quando minha filha nasceu, foquei o pilar social-familiar, reduzindo o ritmo no trabalho e conseguindo dar a atenção e o amor que minha família merecia, elevando meu padrão neste pilar, pois, modéstia à parte, me tornei um superpai. Aproveitei também este momento para cuidar um pouco mais do pilar físico e espiritual. Hoje, já estou retomando um ritmo forte no trabalho com novas e agressivas metas. E assim vou conduzindo minha vida.

PAPO RETO COM:

Thiago Concer

Palestrante de Vendas, investidor e criador do movimento OSV - Orgulho de Ser Vendedor

Acesse agora a uma entrevista exclusiva em um PAPO RETO entre mim e este convidado super especial, onde debatemos os temas abordados neste capítulo e agregamos ainda mais valor para você.

Sem desculpas hein!
Te vejo no vídeo!

"Eu odiava cada minuto dos treinos, mas dizia para mim mesmo: Não desista! Sofra agora e viva o resto de sua vida como um campeão."

MUHAMMAD ALI

CAPÍTULO 3

A VIDA É DURA COM QUEM É MOLE

RESILIÊNCIA E ANTIFRAGILIDADE

Acredito que, por tudo que abordamos até aqui, você já deva ter aceitado e compreendido com o coração que a vida é dura.

Isso não é vazio. Existe filosofia e ciência por trás disso e tudo fará sentido.

Para as correntes filosóficas aristotélica e tomista, às quais me filio neste assunto, o conceito de verdade encontra-se na adequação da nossa mente à realidade. A verdade está na mente, mas também está na realidade. Quando ambos não estão alinhados há uma confusão, ou seja, quando não conseguimos adequar nossa mente à realidade, ou estaremos fazendo uma análise meramente imaginativa ou tratar-se-á de uma mentira.

Sendo assim, ao não nos adequarmos à realidade, ou vivemos em falsidade ou vivemos em ilusão.

Permitindo-me ir um pouco mais além, é a sabedoria que fará com que eu e você possamos compreender melhor a realidade. Quanto mais sábios, melhor nossa análise, percepção e adequação. Quanto mais ignorantes, mais divagamos e nos perdemos. Por isso, o conhecimento seria um indispensável remédio para a evolução.

Prosseguindo, sabemos que o homem não cria alguma coisa de coisa alguma. Ora, se o mundo existia antes de existir o homem, o homem não criou a realidade. Ainda, dentro dessa realidade existe um universo de coisas ordenadas em finalidade, portanto, só haveria uma inteligência capaz de criar tudo isso, de criar a verdade absoluta: Deus.

Estou falando de filosofia e não de religião.

Aristóteles e São Tomás de Aquino acreditavam que o homem precisaria contemplar a verdade, e, consequentemente, contemplar e admirar a fonte da verdade, Deus. E, só assim, seria feliz, porque contemplar a verdade mitigaria a tristeza ou a dor.[1]

Deste modo, conclui-se que viver o mundo real, contemplá-lo e aceitá-lo, compreendendo-o com o coração, é parte fundamental para uma vida em plenitude.

"Eu sou eu e minha circunstância, e se não salvo a ela não me salvo a mim." A célebre frase do espanhol, também filósofo, José Ortega y Gasset, retrata exatamente a imperatividade de compreendermos que nós e a nossa realidade somos indissolúveis. Por isso, precisamos aceitá-la, pois, caso não façamos isso, não teremos a capacidade de compreender quem somos.

Não basta apenas fechar os olhos, meditar e pensar positivo, mentalizando uma vida perfeita e só pedindo a Deus por dias melhores. Isso sim é loucura.

De maneira prática, se você está vivendo hoje uma situação extremamente triste ou desconfortável, na vida pessoal ou em seu trabalho, você precisa encarar essa realidade. Não significa não se entristecer,

---

1 DE AQUINO, São Tomás. *Suma Teológica*. Questão 38. Art. 4.

ou dispensar suas emoções, até porque isso seria impossível. Mas significa aceitar que está passando por esse desafio e tomar isso como a verdade, que é parte de uma verdade ainda maior, a verdade de Deus.

Contemplar essa verdade para que, a partir dessa reflexão, compreensão e, principalmente gratidão e admiração, possa se erguer e seguir sua jornada. Praticar isso fará com que as suas futuras tristezas sejam reduzidas e que o processo da vida seja mais feliz e pleno.

Assim, **ao partirmos do princípio que aceitamos que a vida é dura, isso vai nos libertar, vai amenizar nossas dores e vai nos prevenir de frustrações.**

Dura não é sinônimo de ruim e nem de triste.

Para a ciência, dureza é uma propriedade característica dos materiais sólidos, que pode ser medida pela sua capacidade de penetrar ou riscar outro material. Aquele com maior capacidade de "ferir" o outro, é mais duro que o outro.

Metaforicamente, portanto, a vida é dura, porque possui uma peculiar capacidade de ferir, especialmente, aquilo que for menos duro do que ela: quem for mole.

Se a vida é dura, e ela fere quem for menos dura do que ela (mole), precisamos nos endurecer e fortalecer para que ela não nos machuque tanto, para que não nos paralise e nos transforme em molengas assumidos.

Isso passa obrigatoriamente pelo processo da aceitação, como já concluímos e, por fim, passará por desenvolvermos a habilidade da resiliência.

Resiliência é um conceito físico, que significa a capacidade de um material absorver energia quando submetido a estresse e retomar o seu estado natural. Pode deformar-se momentaneamente, mas não se quebra, logo retornando à sua forma original.

Alguma semelhança conosco?

Para a psicologia, portanto, resiliência é a habilidade que uma pessoa possui de se adaptar, reagir e lidar com as situações desafiadoras, sob pressão, tensão ou estresse, sem entrar em pane mental ou física, e logo voltar ao seu equilíbrio natural, seguindo adiante.

Há um novo conceito, bem interessante, que foi objeto do estupendo livro de Nassim Nicholas Taleb, *Antifrágil: Coisas que se Beneficiam com o Caos*, que é o do antifrágil.

O antifrágil vai além do resiliente, está um nível acima deste. Antifrágil é aquele que, além de lidar bem com o caos, sem se romper, sem surtar, ainda se aproveita dele para sair bem mais fortalecido e beneficiado.

Caso você tenha assistido aos filmes do Rocky Balboa, interpretado por Sylvester Stallone, bem, esse é um exemplo clássico do antifrágil. Ele apanhava demais nas lutas, mas a cada *round* que passava ele ficava mais forte. Aceitava e absorvia duros golpes, sangrava, se deformava física e mentalmente, mas suportava e não desistia. Não jogava a toalha. Parece que estava acumulando toda a energia necessária para que, finalmente, ele explodisse e nocauteasse seus adversários.

Essa frase do personagem é marcante: *"Não importa o quanto você bate, mas sim o quanto aguenta apanhar e continuar. O quanto pode suportar e seguir em frente. É assim que se ganha."*

Eu gosto e me identifico com estes conceitos, porque eles são humanizados, ou seja, não supõem ausência de deformação. É natural que o ser humano apresente os mais diversos pensamentos e emoções durante situações caóticas. É natural que você se entristeça, tenha medo, sinta raiva, alegria, chore e sorria.

Resiliência e antifragilidade, portanto, não dizem respeito à ausência de emoções, mas ao **controle das emoções** diante da realidade para que possa prosseguir. Quanto menor a oscilação emocional, melhor. Essa oscilação pode ser medida, e o que é medido pode ser melhorado.

Desta forma, resiliência e antifragilidade são habilidades que podem e devem ser desenvolvidas, especialmente, por aqueles que têm um temperamento instável e têm por característica as emoções à flor da pele.

Compreendeu, mais nitidamente, por que a vitimização e o *mimimi* não ajudam em nada? São comportamentos extremistas, emoções demasiadamente melancólicas, que atestam o pior nível possível de resiliência e antifragilidade.

Em circunstâncias de grande tensão, o que se espera de um líder, de um gestor, de um pai ou mãe e de um profissional de sucesso é que não se desespere, não esperneie, não reclame, mas sim que consiga organizar rapidamente os pensamentos e ideias mesmo diante do batimento cardíaco mais acelerado e aja em busca da solução. Um verdadeiro líder emerge das situações mais desafiadoras.

Você não precisa mudar sua essência, mas controlar seu instinto e seus impulsos.

Elucidando, um vendedor é posto diariamente em situações intensas e estressantes. Vive uma balança emocional, entre sins e nãos, entre aceitação e rejeição. Quando ele se depara com um cliente exigente, que o enche de objeções fazendo os questionamentos mais ardilosos, é quando sua habilidade de resiliência ou antifragilidade são testadas.

É normal que pessoas ainda inábeis fiquem sem reação, se amedrontem, ou pulem no pescoço do cliente e iniciem uma discussão fervorosa. Mas é necessário manter o equilíbrio, mesmo tendo pensamentos sombrios e inúteis.

O vendedor resiliente aceitaria a realidade, controlaria suas emoções, analisaria racionalmente as objeções ou críticas e as contra-argumentaria com técnica e persuasão.

Por sua vez, o vendedor antifrágil, além disso, sairia da situação tomando nota dos detalhes da reunião, tirando importantes lições que o auxiliarão nas próximas vendas, procurando aprender, inclusive, a prever determinados acontecimentos e consequências.

Percebe que o resultado, venda ou não venda, vitória ou derrota, pouco importa? Entretanto, percebe também que o resultado será diretamente influenciado pelo controle interno, pela habilidade? Por isso, nosso foco tem que estar no **ser** e no **fazer**. O resultado (ter) é consequência. Abordaremos isso no próximo capítulo.

Eu tenho, nessas duas habilidades, grandes aliadas. Durante toda minha vida, mas, sobretudo, nos meus negócios, elas foram postas à prova milhares de vezes. Nas vendas, nos momentos de crises, reuniões de conselho, reuniões estratégicas de liderança e, de maneira mais acentuada, no gerenciamento de pessoas.

Confesso que não há desafio maior para mim do que lidar com pessoas que têm tudo nas mãos e preferem se sabotar do que dar o melhor delas, pessoas com comportamentos negativos de reclamação, preguiça, vitimização e *mimimi*.

Bem, se eu gostasse de *mimimi* compraria um gato gago. E não é esse o caso, você já percebeu.

Lembro-me de um dos momentos mais desafiadores da minha carreira, em que a empresa que eu então representava foi adquirida por outra, uma multinacional que não operava ainda no mercado brasileiro. Passamos por quase um ano de transição, onde a nova empresa precisava entrar e se estabelecer legalmente no país, contratar novo pessoal, substituir fornecedores, aprovar seus produtos nos órgãos competentes, tudo para que conseguíssemos voltar a vender, a faturar e a crescer.

Durante esse ano fui bombardeado de perguntas para as quais não tinha respostas, recebi uma enxurrada de análises especulativas e pessimistas, tive uma debandada de distribuidores da minha rede, perdi 98% das minhas vendas. Só não fali porque reduzi drasticamente minhas despesas pessoais, porque soube poupar em época de bonança, formando um bom caixa emergencial, e porque **não parei de semear um minuto sequer.**

Mesmo no olho do furacão, sem a empresa estar operando e mesmo sem os produtos terem sido liberados para comercialização, eu passei um ano vendendo o que tinha: esperança e visão.

Passei um ano em pré-venda, plantando a ideia, apresentando as possibilidades, os números e fazendo simulações. Mostrando às pessoas que a empresa e os produtos eram maravilhosos, e que já tinham muito sucesso mundo afora, fazendo-as imaginar os resultados que poderiam obter usando determinado produto quando ele fosse lançado no Brasil. Elas poderiam ser pioneiras, clientes ou representantes, de uma marca poderosa e poderiam criar oportunidades únicas mesmo nessa circunstância.

Enverguei, me desequilibrei, mas não quebrei e nem caí. Entendi que quanto mais eu amolecesse diante dos problemas, mais a vida endureceria para mim. Mantive acesas a fé e a esperança, minhas e daqueles que decidiram seguir ao meu lado. Mais do que resiliente, me fortaleci diante do desafio, tornando-me uma pedra impenetrável, um diamante. E, no fim, vencemos! Prosperamos!

Dessa e de outras experiências, extraí algumas lições que você pode implementar a partir de agora para aumentar seu nível nessas habilidades e, consequentemente, melhorar seus resultados.

Desafiar-se com maior frequência

Naturalmente, a vida te apresentará a algumas situações difíceis. Mortes, problemas de saúde e crises familiares estão entre as mais corriqueiras. Mas, se você quer ir além do apenas ficar esperando o desafio chegar, você pode começar se desafiando mais.

Caso você viva uma vida monótona, com aquela conhecida rotina mecanizada, inicie mudando um pouco isso. Para que seus resultados saiam da mesmice, terá de haver mudanças. Mude o trajeto que você faz para o trabalho, mude o lado da cama que você dorme, comece a praticar aquele esporte que você sempre quis, coloque-se, gradualmente, em situações diferentes e desconfortáveis.

A mudança daquilo que é habitual traz evolução. Mude seus hábitos que você mudará seu destino.

Falar com um estranho te intimida? Tente falar bom dia e perguntar como vai a vida daquele caixa do banco que sempre te atende, mas com quem você nunca conversou.

Falar em público te paralisa? Tente começar puxando a oração na mesa do almoço com sua família.

Sinta sua reação, sinta o calafrio, a mão suada, a boca seca, o coração pulsando, e tente controlar isso, fazer disso uma experiência prazerosa de desenvolvimento.

Você vai errar, mas não pode amarelar. O erro é uma bênção, porque mostra o quanto você ainda pode ir além, o quanto sua vida ainda pode mudar. Imagine quando começar a acertar?

E lembre-se, se não estiver doendo, você não está crescendo. Enquanto estiver desconfortável, significa que você ainda não dominou aquilo, por isso, precisa continuar praticando e se desafiando.

Estabeleça metas mais agressivas para você, metas financeiras, metas no trabalho, metas na saúde, no esporte, nos relacionamentos, na família. Exija-se mais! Jogar pequeno não é a solução. Você precisa jogar grande, caso queira ser grande. Você subestima demais sua capacidade de realização e, por isso, acaba ficando na média (medíocre).

Cada um terá a vista da montanha que decidir subir.

Decidir não desistir é um bom começo.

Conheço muita gente brilhante com iniciativa, mas pouquíssimas pessoas com "acabativa".

Imagine se você não tivesse desistido daquele projeto, daquela oportunidade, daquele relacionamento, daquela dieta, daquele exercício... Como estaria sua vida agora?

O persistente é uma espécie em extinção. Persistir é continuar com firmeza, manter sua decisão e suas atitudes intactas pelo tempo necessário, independentemente do que aconteça.

Você não pode simplesmente desistir diante das turbulências, até porque você aprendeu (e aceitou) que as turbulências continuarão acontecendo e fazem parte natural da vida.

Persistente não é aquele que faz para ver se vai dar certo, e sim aquele que faz até dar certo.

Não podemos desistir do casamento diante de uma crise conjugal. Não podemos desistir de um idioma diante de uma dificuldade gramatical. Não podemos desistir da profissão diante de um ambiente desfavorável de trabalho. Não podemos desistir de um negócio diante de uma crise econômica ou da ausência de resultados imediatos. Não podemos desistir da vida diante de problemas emocionais.

Uma das maiores causas da desistência é a não aceitação da realidade, principalmente, pela minha Geração Y, a geração mimada. Pessoas que anseiam por uma vida perfeita, um casamento perfeito, a amizade perfeita, os resultados perfeitos, mas que acabam se frustrando profundamente diante dos primeiros problemas e não têm forças, perdem o tesão para superar e seguir adiante.

A partir daí, entram em um processo de início e meio, sem fim. Nunca concluem um projeto, fazem tudo pela metade e sentem a sensação de vazio dentro de si. Falta propósito.

Outras das principais causas da desistência são o imediatismo e a impaciência. Desejar que os resultados apareçam na velocidade da luz, querer que uma determinada ação ou decisão gere consequências instantaneamente. Eu sou imediatista e me policio para melhorar isso dentro de mim diariamente.

Não respeitar o tempo das coisas é uma atitude egoísta. Cada processo tem um tempo próprio, e não o tempo que você quer que tenha. Não adianta querermos que o bebê nasça em dez semanas. Nem que uma macieira dê frutos em um ano. Ou que façamos fortuna num piscar de olhos.

É preciso confiar no longo prazo, acreditar no poder do tempo.

Se existe um processo, e esse processo leva tempo, a virtude da paciência será imprescindível em sua caminhada. Em alguns momentos será importante você respeitar o "saber esperar", esperar com tranquilidade, esperar com compreensão, esperar com aceitação da realidade.

Controlando isso, aí precisará decidir não desistir. Decidir não desistir é uma ação, que faz parte da sua autorresponsabilidade.

Quando você toma a decisão de eliminar a opção de desistir, sua mente funciona melhor, você tem mais calma para ser resiliente, para analisar as situações e agir racionalmente da melhor maneira em busca da solução.

Por outro lado, eu odeio desistir. Odeio porque sei que ao desistir estaria dando razão àquelas pessoas que nunca me apoiaram e me criticaram. Ao desistir, eu estaria dando a vitória ao problema. Ao desistir diante dos obstáculos, estarei atestando minha fraqueza, e eu não sou fraco.

Nasci sendo campeão! Venci cerca de 300 milhões de espermatozoides na corrida pela fecundação! Sou um sobrevivente, ariano, de Amparo, cascudo, macho alfa e porreta! Não sou fraco! E você? Quem é você?

Ah, se eu tivesse desistido…

Se tivesse desistido, não teria me tornado o homem que sou.

Se tivesse desistido, não teria construído a família que construí.

Se tivesse desistido, não teria conquistado a vida esplêndida que conquistei.

Se tivesse desistido, não teria adquirido as habilidades que adquiri.

Se tivesse desistido, não teria conhecido os lugares que conheci.

Se tivesse desistido, não teria convivido com as pessoas maravilhosas que convivi.

Se tivesse desistido, teria as mesmas crises e os mesmos resultados que tinha.

Eu sei que muitos devem estar *mimimizando* mentalmente: *"Falar é fácil"*, *"Estou cansado"*, *"Mas e se…"*, *"Você é diferente…"*.

Se você está cansado de recomeçar, então, experimente parar de desistir e finalmente concluir alguma coisa que você começou.

Sim, às vezes, precisamos corrigir a rota no meio do caminho, mudar, trocar, transformar, inovar, reinventar, tudo isso eu sei. Mas a desistência não tem a ver com o meio, tem a ver com o fim.

Quando desistimos de um casamento, não desistimos do convívio, desistimos de construir uma família abençoada sob o amor de Deus. Ao desistirmos de um negócio, não desistimos das crises e burocracias, desistimos do objetivo de ascensão social e de prosperidade. Ao desistirmos de uma amizade, não desistimos do relacionamento, desistimos do prazer das viagens, das risadas e do carinho.

Portanto, o único combustível para a resiliência, a antifragilidade e a persistência é a fome pelo resultado almejado. Pelo seu propósito!

FOME DE PROPÓSITO

Propósito é intenção, é o porquê, é o motivo pelo qual você faz aquilo que se propôs a fazer.

Percebo que há uma tendência grande de muitos estudiosos quererem transformar o propósito em algo transcendental, quase divino.

Vejo propósito de uma maneira mais simplista. **Propósito é o objetivo principal que você deseja conquistar na vida**, é o resultado que você sempre ambicionou, é aquele sonho que você sempre idealizou. É ter uma visão clara do que você quer e, consequentemente, do que você não quer.

O propósito, ou melhor, os propósitos podem ir mudando com o tempo. Você vai acrescentando alguns, excluindo outros, até porque nossa circunstância é mutável, nossa vida é dinâmica.

Não confunda propósito com meta. Propósito é o destino, as metas são os marcos que você precisa definir e ultrapassar, que te guiarão pelo caminho. Metas, portanto, são indispensáveis para o atingimento de qualquer propósito. Não ter metas é o mesmo que navegar oceano adentro sem uma bússola.

Os propósitos podem ser egoístas ou altruístas, individuais ou coletivos, materiais ou espirituais, financeiros, sociais, físicos ou mentais. Não há regras.

Entretanto, quanto mais você aproximar seus propósitos de **evoluir, servir e agregar valor**, mais próximo à grandeza e plenitude estará. Se nós não almejamos a evolução, o serviço e a entrega de algo de valor às pessoas que você ama e ao mundo como um todo, provavelmente ficará alguma ponta solta em nosso coração.

Quanto mais profundos forem os propósitos, mais resilientes ficaremos para superar as adversidades da vida dura.

Por exemplo, não há problema em definir *"ganhar dinheiro"* como seu propósito. Confesso que esse foi o meu primeiro combustível.

Recordo que, quando estava começando minha carreira como *networker*, no fim de abril de 2012, fui a um evento com empreendedores do meu segmento. Diversos empreendedores de sucesso palestraram e alguns apresentaram seus faturamentos mensais e anuais. Eu nunca tinha visto tanto dinheiro na minha vida. Aquela imagem foi tatuada instantaneamente em minha alma e eu coloquei como objetivo ganhar aquele tanto de dinheiro.

Mas o dinheiro pelo dinheiro é frágil. Não sustentará sua jornada. Esse propósito pode se tornar ainda mais profundo e te dar ainda mais forças, quando se tornar *"ganhar dinheiro para que eu possa não apenas dar uma vida melhor à minha família, mas também contribuir com a sociedade, construindo uma creche que dará dignidade, esperança, alimentação e educação às crianças carentes"*.

"Aqueles que trabalham só por dinheiro e recebem apenas dinheiro como pagamento serão sempre mal pagos, não importa o quanto recebam. Dinheiro é necessário, mas os grandes prêmios da vida não podem ser medidos em dólares ou centavos."
Napoleon Hill[2]

Você também pode querer *"ser famoso"*. Não há problema. Mas você poderia aprofundar esse propósito sonhando em *"ser famoso para que consiga atingir milhões de pessoas com meu conteúdo, em busca de levar ao mundo uma mensagem de respeito e de fim do preconceito racial"*.

É interessante porque, quando você realmente define seu propósito com tamanha clareza, você passa a ter fome e, quando temos fome, ou a gente a mata ou a gente morre tentando comer. Fome é um *upgrade* da determinação. **Quem tem fome é obstinado e fica obcecado pelo seu objetivo principal.**

---

2 HILL, Napoleon. *O Manuscrito Original*. p. 250

Logo, propósito sem fome é devaneio, utopia, mera fantasia. Propósito com fome é objetivo real, concreto e realizável.

Isso é a essência da automotivação. Motivações externas podem ser úteis, rituais de elevação de energia vão ajudar, mas são paliativos. A verdadeira motivação é a fome que vem do propósito.

O propósito é o combustível e a fome é o comburente da ação.

Esse é o espírito de um verdadeiro guerreiro, de um campeão, de um ser humano de sucesso.

Dos grandes líderes do planeta que vier a estudar, você perceberá que absolutamente todos, sem exceção, mencionam a palavra "sonho". Não é coincidência. Todos tinham ou têm um propósito, um sonho, um objetivo e se tornaram obcecados por ele.

Aquele que tem fome é esforçado, determinado, responsável e integralmente comprometido. Busca seu propósito com agressividade e persistência únicas. Sonha acordado com seu objetivo, dorme pensando em seu objetivo, vai no banheiro pensando no objetivo, esquece de se alimentar porque está focado em suas atividades em busca do seu objetivo. Passa noites em claro produzindo pelo seu objetivo, se apaixona pelo cansaço porque sabe que assim está mais próximo do seu objetivo.

Quem tem fome não fica por aí de *mimimi*, reclamando, procrastinando e se vitimizando. Se não sabe, aprende.
Se não gosta, se adapta. Se está difícil, supera.

Ninguém precisa de tempo, de dinheiro e nem de perfil para ser bem-sucedido. Precisa apenas que seus sonhos sejam mais fortes que suas desculpas. Precisa ter mais responsabilidade com seus deveres e obrigações.

Ou você acha que é fácil ser um medalhista de ouro olímpico? Acha que é fácil tornar-se um empresário com milhões na conta bancária? Que é fácil criar os filhos e construir uma família envolvida em respeito e amor?

Com relação ao trabalho, você não tem necessariamente que amar o que faz.

Se você ama o que faz, ótimo! Se você faz o que ama, fantástico! Se aquilo que você ama fazer não é possível monetizar, transforme-o em seu *hobbie* predileto, simples assim.

Agora, se não ama o que faz, você não é pior por isso. Tire esse peso das costas. Tem coisas que eu faço até hoje que eu não amo fazer, só faço porque é meu dever.

Por outro lado, você também não pode viver tralhando com algo ou em um ambiente que deteste, que te deixe a cada dia mais infeliz e depressivo. Eu já passei por isso e te afirmo que **dinheiro nenhum no mundo vale nossa infelicidade**.

Encontre alguma atividade que faça sentido para você, que esteja alinhada com seus valores e onde você sente que pode ser útil para escalar seus objetivos. Já será um excelente começo.

Isso porque uma coisa é certa: você **precisará se apaixonar pelo resultado almejado**, aceitando e respeitando o processo, por mais sacrificante que seja.

Muhammad Ali, um dos maiores boxeadores de todos os tempos, proferiu a seguinte frase: *"Eu odiava cada minuto dos treinos, mas dizia para mim mesmo: Não desista! Sofra agora e viva o resto de sua vida como um campeão."*

O faminto sacrifica, está disposto a se sujar, a transpirar, a fazer aquilo que ninguém está disposto a fazer, a lutar até a última gota de sangue.

Ele também não perde tempo com coisas fúteis, não perde o foco, não vive em frente à televisão sendo bombardeado por negatividade ou do celular bisbilhotando a vida alheia. Noventa por cento da sua agenda está focada em produtividade de acordo com o objetivo e os outros 10% em estudo, desenvolvimento e evolução, também de acordo com o objetivo.

Um campeão converge toda sua energia em um ponto. Seus pensamentos, suas ações e seus projetos estão sempre alinhados com seu propósito.

Não faz sentido uma pessoa que vive sob a filosofia do veganismo e defende essa prática em suas redes sociais como propósito de vida se tornar sócia de uma grande rede de açougues, por mais que possa lhe render uma fortuna, concorda?

Não é difícil definir um propósito. Pode levar bastante tempo, mas não é difícil desde que você decida mergulhar fundo nesse tema e estar disposto a mudar e arriscar.

Digo isso porque sei o quanto as pessoas não param por um instante para avaliar suas próprias vidas e os resultados que vêm obtendo. Vivendo nessa rotina maluca e automatizada, ficam amarradas no passado e não refletem a respeito do presente e do futuro.

Durante alguns anos, eu acordava querendo continuar na cama. Tocava o despertador e eu apertava umas 20 vezes a soneca. Não via prazer nenhum em levantar, seguir a rotina, ir trabalhar e fazer o que tinha que fazer.

Estava confuso, sentia que andava em círculos, me questionava demais, sabia que estava infeliz, mas, mesmo assim, segui por muito tempo dessa maneira, porque eu tinha perdido o sentido de propósito. Tinha perdido aquele tesão por crescer e retribuir tudo que minha família fez por mim. Por um instante, me tornei um robô, passando a acreditar que a vida se resumia a sobreviver e trabalhar para pagar meus boletos.

Veja só, eu redescobri o meu conjunto de propósitos (tenho alguns, todos convergentes) experimentando novos caminhos. Eu os redescobri, primeiro, quando decidi empreender, quando arrisquei embarcar em um mundo desconhecido paralelamente à advocacia, quando inúmeras possibilidades tocaram meu coração e, depois, quando tive minha filha Isabella.

Esses foram meus dois principais pontos de inflexão. Dois momentos marcantes em que eu parei para pensar em mim, em minha vida e no futuro.

Algumas reflexões que eu fiz podem te ajudar, em qualquer área:

- O que eu não quero para meu futuro?
- Por que eu faço o que faço?
- Por quem eu faço o que faço?
- Qual é o verdadeiro objetivo que pretendo alcançar fazendo o que faço?
- Eu sou feliz fazendo o que faço?
- O que eu faço me realiza, me completa? Ou me faz evoluir, me agrega?

- Eu sou bom no que eu faço? Sou reconhecido?
- Quais são meus sonhos? O que eu gostaria de conquistar na vida?
- Qual o tipo de legado que eu gostaria de deixar?
- Quais são as perspectivas de conquistar o que eu gostaria fazendo o que faço?
- Fazendo o que eu faço eu poderei proporcionar a vida que sempre quis proporcionar às pessoas que eu amo?
- Se não estou feliz, estou mudando e experimentando novos caminhos?

Pense nessas respostas, escreva-as hoje e compartilhe urgentemente com seu cônjuge ou qualquer outra pessoa que você conviva em família para que, juntos, possam refinar as respostas. Aos poucos, você vai se entendendo e emoldurando seus sonhos.

Como mencionei, esse processo pode ser rápido para alguns ou levar bastante tempo para outros. Até mesmo, porque definir um propósito é fácil e prazeroso, mas ajustar seus pensamentos, ações, comportamentos e habilidades de acordo com o propósito não é.

Enquanto não encontramos nosso propósito ou não conseguimos ajustar corretamente nossa direção, a vida não para de nos bater e as contas não param de chegar. A gente tem que se virar, não é tão romântico assim.

SE VIRA, BENHÊ!

Se a pessoa que você mais ama estivesse dentro de uma casa em chamas, qual seria sua reação?

Eu não sei exatamente o que você faria, mas tenho absoluta certeza que você arrumaria uma maneira de entrar na casa e salvar essa pessoa. Por um instante, você se tornaria a pessoa mais focada, determinada, obcecada, forte e corajosa da Terra. Você ia se virar!

Você não sabe a força que tem até que ser forte seja sua única opção.

Em um susto, faleceram o companheiro da minha mãe e meu padrinho. Os dois únicos homens adultos, os arrimos da família. Como se isso não bastasse, minha mãe e minha madrinha perderam instantaneamente seus empregos, exclusiva fonte de renda de ambas.

Eu tinha 18 anos, estava começando meu curso de Direito em Londrina, no Paraná. Foi doloroso. Conversei bastante com meu pai, me apeguei bastante a Deus e creio que tenha sido nesse momento que me tornei homem.

Mais do que homem, eu me tornei impenetrável, casca grossa, uma fortaleza. Em alguns momentos até exageradamente, diga-se de passagem.

Eu não podia fraquejar, não podia me acovardar, andar para trás. Decidi que traria orgulho e abundância à minha família. Seguiria em frente, venceria e daria a segurança que minha mãe, avó e madrinha precisavam. Essa era a minha fome naquele momento.

Já trabalhava em Londrina, desde o meu primeiro dia de universidade, como auxiliar de um escritório de advocacia. Uma espécie de estágio remunerado, mas com carteira assinada.

Precisava desse trabalho para que eu pudesse, além de aprender minha profissão, ajudar minha mãe a bancar as minhas despesas, ciente de todos os desafios que estávamos enfrentando.

O tempo foi passando e o dinheiro não foi mais dando para me sustentar. A cada ano que passava, as despesas aumentavam e eu ia me reinventando.

Morava em uma república, com amigos que eu amo até hoje, e decidimos organizar e realizar algumas festas para auxiliar no pagamento do aluguel da casa. Demos cada festa que até Deus duvida. Chegamos a colocar 600 pessoas dentro de casa, filas enormes na rua, 3 bandas tocando durante a noite toda e os vizinhos querendo me matar.

Até que, uma hora, os vizinhos venceram. O emprego não era suficiente e as grandes festas acabaram. Aceitei, então, uma proposta para me tornar gerente de uma boate de música sertaneja da cidade. Eu estudava de manhã, trabalhava à tarde no escritório e à noite na boate. Rodava a cidade a pé, para não gastar com *ticket* de ônibus.

Para completar, e ganhar uma grana extra, ainda cantei e toquei violão durante alguns meses em um barzinho ao lado da universidade, às terças e quintas-feiras.

Não, eu não era um músico excepcional, nem um gerente excepcional, nem um organizador de festas excepcional. Mas tive que me virar.

Nessa hora, não existia essa historinha romântica de propósito. Existia uma missão: sobreviver até eu me formar. Eu não poderia deixar meus amigos na mão com as despesas da casa e também não poderia envergonhar minha família.

Talvez esse tivesse sido meu conceito de propósito da época, mas, honestamente, eu nem pensava nisso. Só pensava que cada dia era um dia a menos para me formar, me tornar "doutor" e ir para o mercado de trabalho.

Entretanto, aqui já adianto duas dicas de ouro para você, que abordaremos também mais à frente: **você não é aquilo que você faz, você é aquilo que você é**. Quando você fica apegado emocionalmente àquilo que faz, ou seja, à sua profissão, sua carreira, sua rotina, seus hábitos ou a um título, você normalmente se torna uma pessoa refém daquilo, com dificuldade de adaptação, avessa às mudanças e travada para se virar quando necessário. Eu tive esse desafio.

Além disso, **você não é aquilo que dizem que você é, você é aquilo que você é**. Por isso, pare de viver em busca de aceitação, pare de viver aos moldes de uma sociedade medíocre, pare de viver de filtros nas fotos e vídeos para fingir ter a imagem que você não tem só para ser validado pelos outros. A opinião dos outros somada à sua completa falta de autenticidade também te engessa, te paralisa. Apenas compreenda que, por um tempo, você terá que fazer o que for preciso, sem se importar com os que os outros pensam.

Talvez você tenha que dar alguns passos para trás, vender seu carro e andar de ônibus, vender sua casa e viver de aluguel em um imóvel menor, deixar de sair para comer e começar a cozinhar em casa. Isso tudo, aliás, faz parte de um conjunto de decisões inteligentes no campo da educação financeira, mas para que funcionem será preciso esquecer o ego e ter humildade.

Você nasceu banguela, careca e precisava de ajuda para tudo; com certeza consegue se virar agora que é, supostamente, adulto.

Tem gente, por exemplo, com vergonha de vender alguma coisa para ajudar nas despesas de casa, mas não tem vergonha de estar com o nome sujo. É a inversão de valores que vivemos atualmente.

Para que você tenha uma terra adubada, você terá que sujar suas mãos de estrume. Para um dia conseguir comer filé, você terá que começar roendo osso. Enquanto você faz isso e seus amigos tiram sarro, lembre-se que você está construindo seu castelo enquanto eles estão afundando em areia movediça.

O que eu posso te garantir é que nós somos dotados de uma capacidade de adaptação maior do que qualquer outro animal. Muitas pessoas subestimam o potencial que têm, porque não o colocam à prova. Porque não se desafiam constantemente. E, principalmente, porque sempre têm opções.

Aprendi que para construir um sucesso estrondoso em determinada área é preciso "queimar os navios" e é preciso "matar a nossa vaca".

Contam que um conquistador espanhol, Hernán Cortés, ao atracar em terras mexicanas para tomá-las dos astecas, ordenou que os navios que os levaram até lá fossem queimados, para que os homens de seu exército não tivessem outra opção senão lutar e conquistar o território inimigo.

Também há uma antiga fábula em que um velho sábio chinês e seu aprendiz, em uma de suas andanças, cruzando uma larga e desolada planície, encontram um casebre caindo aos pedaços e resolvem parar para conhecer e conversar com o proprietário, sua esposa e seus filhos.

O velho sábio, ao se apresentar ao senhor daquele casebre, questiona:

— Em um lugar tão distante de tudo, pobre e sem recursos, como vocês sobrevivem?

— O senhor vê aquela vaca? — Apontando para uma vaquinha leiteira magricela. — Pois é ela que nos dá nosso sustento. Bebemos seu leite e o pouco que sobra transformamos em queijo, que vendemos na cidade em troca de algum alimento.

O velho sábio chinês despediu-se e seguiu sua jornada. Após alguns minutos de caminhada o sábio vira-se para seu discípulo e diz:

— Volte lá e empurre aquela vaquinha do precipício.

Sem entender, mas em obediência ao sábio, o aprendiz voltou até o casebre e cumpriu a sua missão. Empurrou a vaquinha precipício abaixo e seguiram a caminhada.

Anos se passaram, até que o velho sábio e seu aprendiz retornaram à mesma planície e, surpreendentemente, aquele casebre tinha se transformado em um grande sítio, com plantações diversas e uma dúzia de vacas leiteiras.

Bateram à porta da família e foram recebidos pelo mesmo senhor, feliz, sorridente e bem vestido.

— Eu me lembro do senhor! — disse ao velho sábio.

— Passei por aqui alguns anos atrás. E percebo que progrediram! O que houve?

— Uma tragédia! Nossa vaquinha deve ter tropeçado e caído no precipício logo depois que vocês foram embora. Passamos semanas de muita fome, sede e outras dificuldades. Até que resolvi tentar plantar milho nessas terras e descobri que a terra era a mais fértil da região. Plantei algodão e arroz também. Algumas pessoas vieram me pedir para plantar, que elas comprariam parte da produção. Também consegui trocar alguns alimentos por mais vaquinhas, de onde tiramos o nosso leite, vendemos o excedente e também fazemos queijo. E, assim, nossa vida mudou!

O aprendiz olhou satisfeito para o velho sábio, que cumprimentou o proprietário e continuou a caminhada.

Moral da história: Às vezes, precisamos matar a vaquinha que nos acomoda, algema e paralisa para que possamos crescer e ter sucesso, viver novas aventuras, abraçar novas oportunidades, experimentar novos sabores e atividades.

A gente aprende a se virar quando não temos amarras e quando não temos para onde correr.

Conheço centenas de pessoas brilhantes que não tomam riscos e nem sequer dão o melhor delas porque estão envolvidos em uma pseudossegurança e um ilusório conforto, porque têm navios à espera e uma vaquinha que já lhes fornece a sobrevivência.

Não arriscam mudar de emprego, com medo de perder os benefícios do emprego atual. Não mudam de carreira, porque estão apegados ao dinheiro e aos anos que já foram investidos e dedicados. Não iniciam sua própria família, porque ainda moram confortavelmente na casa dos pais. Não agarram uma nova oportunidade com unhas e dentes, porque sabem que o esposo ou a esposa já ganha bem e sustenta a família. Não constroem nada novo, porque são herdeiros de coisas antigas.

Tomara que você tenha tido a sorte de ter nascido em uma família próspera e que, mesmo assim, seus pais tenham te ensinado a valorizar o mérito, e não a ser um daqueles mimados que não arrumam nem sua própria cama.

Só deixo um alerta: uma hora há de chover! Não preciso ter o dom da premonição para avisar que novos desafios, para você ou para suas próximas gerações, aparecerão e que não há momento melhor para se virar e fazer aquilo que você sabe que precisa fazer do que agora. O melhor momento para consertar o telhado é enquanto está sol.

Não existe melhor exemplificação do que a situação vivida por nós diante do coronavírus. Milhares de mortes, milhões de pessoas desempregadas, pânico generalizado, economia global à bancarrota, insegurança, medo e caos.

Vi pessoas aceitando a realidade, se adaptando e se reinventando rapidamente. Quer iniciando uma carreira microempreendedora no mundo das vendas diretas, quer abrindo um pequeno *e-commerce*, quer se tornando afiliado de plataformas de vendas de cursos online. Restaurantes investindo em *delivery*, alguns prestadores de serviço como esteticistas e cabeleireiros também atendendo a domicílio, profissionais liberais fazendo consultas online, academias alugando seus aparelhos aos próprios alunos, muitos influenciadores agregando valor nas redes sociais e outras incríveis iniciativas.

Muitas dessas pessoas, inclusive, semearam ótimas sementes durante a crise que renderão frutos bilionários nos próximos anos. Construíram seus legados durante a tempestade.

Entretanto, mesmo diante dessas circunstâncias extremas, vi pouquíssimas pessoas que realmente decidiram não se paralisar em pânico. Poucas se esforçaram e se viraram, preferindo reclamar, se vitimizar, mergulhar em negatividade e pessimismo e bater panela na janela de casa, talvez, numa tentativa de espantar o vírus porque, aí sim, teria alguma utilidade.

Os jovens de hoje, principalmente, parecem que não querem passar por um exaustivo processo de merecimento. Teimam em buscar atalhos e exigem com empáfia serem reverenciados, promovidos, respeitados, sendo que acabaram de desfraldar, e choram quando alguém os confronta. Precisamos evoluir.

"Se não puder voar, corra. Se não puder correr, ande. Se não puder andar, rasteje, mas continue em frente de qualquer jeito."
Martin Luther King

Sobre seu propósito de vida, você também vai ter que se virar. Além de refletir bastante, talvez você tenha que arriscar, tenha que mudar o rumo, corrigir a rota uma dezena de vezes. Talvez mudar de carreira, mudar de cidade, mudar seu convívio. Você terá que evoluir mantendo sua essência, atualizando seu *software* mental, pagando o preço e tendo muita coragem.

PAPO RETO
COM O AUTOR

Vem cá, o que te impede de ir além? A vida já te bateu um bocado, né? Às vezes, nem foi tão forte, mas doeu. Você já tropeçou, caiu, errou, acertou, começou, desistiu, motivou, desanimou, parece que tudo é uma loucura. Acredite, eu sei o que se passa pela sua cabeça.

Ei, não estou falando que você ou sua vida são ruins. Talvez você viva hoje uma boa vida. Só estou te provocando para que você enxergue que pode mais. A acomodação é o veneno dos sonhos.

Você já conhece um pouco sobre mim. Sou pai, filho, esposo e arrimo de família. Estou há anos lidando e resolvendo meus problemas (que são muitos) e ajudando pessoas a resolverem os delas. Liderando, gerindo e desenvolvendo milhares de pessoas, com os mais diversos e assustadores desafios, para que se superem e vençam na vida. Construindo relacionamentos, conhecendo e entendendo as dores e necessidades de clientes para que eu possa oferecer reais soluções.

Então, reflita e responda, por que você não está em um patamar de realizações superior ao que se encontra hoje? Onde está o furo do seu balde?

Bem, a verdade é que eu não posso te responder e quem diz que pode é golpista. Eu já apresentei e apresentarei nos próximos capítulos inúmeras possibilidades, experiências, filosofias, reflexões e transformadores conceitos práticos, mas a resposta precisará vir de você, da sua autocrítica.

Numa boa, depois de tudo que você já leu até aqui, não me venha com *mimimi* falando dos seus problemas, da falta de oportunidade, da política ou da crise. Basta! Terceirização de culpa é atitude para os pobres de espírito e você não é essa pessoa.

Não se esconda atrás das crenças limitantes

Você leu que em um determinado momento da minha carreira eu passei a acreditar que a vida se resumia em lutar diariamente pela sobrevivência a fim de honrar com os pagamentos das prestações e dos boletos. Liguei o piloto automático e aceitei que a prosperidade e a abundância eram apenas para os escolhidos. Apesar dessas "crenças limitantes" eu abracei novas oportunidades, me reinventei e venci. Me encontrei sendo um empreendedor.

Minha esposa, Karol, tinha dúvidas a respeito da sua habilidade materna. Acreditava que não daria conta, que não estava preparada, que nunca seria uma boa mãe, até que a Isabella nasceu, ela teve que se virar e se tornou uma mãe exemplar.

Você tem crenças limitantes até a hora que é conveniente tê-las. É você mesmo que transforma essas crenças limitantes em um intransponível vulcão em erupção do tamanho do Monte Everest.

No meu negócio, por exemplo, as pessoas são remuneradas de acordo com seu mérito. Caso não produzam nada, não vendam nada, não formem equipes de vendas produtivas, não ganham nada. Muitas dessas pessoas dizem estar bloqueadas pela crença de que não são capazes nem merecedoras de ganhar tanto dinheiro como eu, por exemplo.

Até que, um dia, eu ofereci a uma dessas pessoas um salário de cem mil reais para que ela pudesse realizar centenas de prospecções mensais, atingir uma meta simples em vendas, ministrar uma dúzia de treinamentos por semana e ficar responsável por gerenciar minhas redes sociais, atender às necessidades diárias da minha família e agendar algumas reuniões e mentorias importantes para mim.

Qual você acha que foi a resposta dela?

É claro que ela aceitaria uma proposta desse tipo, se fosse verdadeira. A questão não é a crença de não ser possível ganhar dinheiro, é não estar disposto a fazer por merecê-lo por suas próprias forças. É querer a facilidade, é preferir a moleza, é orar pedindo pelo atalho e não pela direção.

Cá entre nós, hoje não faltam recursos, informações e nem conhecimentos. Muitos desses gratuitos, para que você esteja munido de opções e de possibilidades, para que busque por novos caminhos, para que saiba o que fazer de acordo com onde quer chegar.

Se você tem filhos, vire para um deles agora e tente não se envergonhar dizendo: *"Olha, meu filho (ou filha), você não tem plano de saúde, nem ótimas roupas, nem tem os brinquedos que gostaria de ter, não dorme em uma cama deliciosa, não estuda em um ótimo colégio e nem anda com ótimas companhias, porque a mamãe (ou o papai) tem crenças limitantes e não se virou diante dos desafios que a vida impôs."*

Não estou negando a existência de um conjunto de crenças que formamos no transcorrer de nossa vida. Claro que desatar alguns nós em nossa mente é útil e pode ser de extrema importância para nossos objetivos. Por isso, temos tantos estudiosos, médicos, psicólogos e *coaches* capacitados no mercado aptos a lhe ajudar com isso. Mas afirmo que este não é o motivo crucial pelo qual você não está em um patamar maior de realizações. É confortável acreditarmos que as crenças limitantes são as culpadas pelo nosso fracasso.

Eu honestamente não sei qual é a resposta no seu caso, mas posso te ajudar por onde começar e, se fosse você, começaria pela definição do objetivo, do propósito. Direção clara, definir para onde quer ir é o primeiro passo para qualquer pessoa que quer sair de onde está.

PAPO RETO COM:

Walter Longo

Publicitário, Administrador de Empresas e Especialista em Inovação e Transformação Digital

Acesse agora a uma entrevista exclusiva em um PAPO RETO entre mim e este convidado super especial, onde debatemos os temas abordados neste capítulo e agregamos ainda mais valor para você.

Sem desculpas hein!
Te vejo no vídeo!

> "Para ganhar o máximo, você tem que ser o máximo."
>
> T. HARV EKER

CAPÍTULO 4

EVOLUÇÃO CONTÍNUA

SER + FAZER = TER

Essa é uma equação fundamental da minha vida. Uma regra que alicerça a abundância e a prosperidade, em todos os sentidos, de todas as pessoas bem-sucedidas do mundo.

Já li e ouvi T. Harv Eker, Jim Rohn, Zig Ziglar e outros gênios falando sobre ela.

Sem essa equação, não há realização, não há propósito, não existiria nenhuma conquista e nem os grandes feitos da humanidade. Viveríamos uma existência sem direção, sem criação e sem necessidade nenhuma da criatura.

Basicamente, a equação ensina que "ter" é consequência natural da soma de "ser" e "fazer". Em outras palavras, qualquer resultado precisa de evolução e de ação. Quanto maior a evolução e a ação, melhor o resultado. Caso haja involução e inação, o resultado é catastrófico. Logo, para que tenhamos vitórias, nosso foco deve estar, obrigatoriamente, em nosso desenvolvimento profissional e pessoal, bem como em nossas atitudes positivas direcionadas.

Veja só.

Segundo o IBGE[1] apenas 2,7% das famílias brasileiras têm um rendimento mensal superior a R$14.310,00, mas elas acumulam cerca de 20% de toda a renda do Brasil.

Por outro lado, estudos recentes apontam que dois indivíduos possuem apenas 0,6%[2] de diferença típica entre seus genomas, o que significa dizer que somos 99,4% geneticamente idênticos.

Ora, se os seres humanos são tão semelhantes, por que vivem em tamanha desigualdade? Por que os resultados obtidos por cada um de nós são tão díspares? Por que um número tão pequeno de pessoas consegue atingir o sucesso? E como pessoas em situação de extrema pobreza e de desafios bem maiores que os nossos conseguiram se tornar multimilionários?

Para grandes estudiosos, a resposta é óbvia e está na equação.

Pessoas malsucedidas querem ter primeiro, para depois ser e fazer. Tendem a colocar a carruagem na frente dos bois e creem que o "ter" é obra do acaso. Pensam: "Quando eu tiver dinheiro, farei um investimento em um negócio próprio, trabalharei duro e serei respeitado."

Só que, infelizmente, não é assim que o sucesso funciona. É exatamente o contrário.

É aquela velha hipocrisia onde todos querem mudança, mas ninguém quer mudar. Todos querem ter sucesso, só que poucos estão dispostos a pagar o preço, e uma raríssima minoria realmente o paga. Todos querem gelo, mas poucos enchem a forminha.

Nesse sentido, existem basicamente três tipos de pessoas no mundo.

As que não sabem, ou pensam que sabem, e mesmo com o fácil acesso à informação de hoje em dia, não vão atrás dela, não se alimentam de conhecimento, não evoluem e seguem como ignorantes ou falsos sábios.

As que não sabem, mas se esforçam para evoluir, estudando, conhecendo e obtendo as informações que precisam. Frequentam cursos, eventos, leem livros, acompanham influenciadores, mas não colocam nada disso em prática, não saem da inércia, não dão o próximo passo, não sabem qual o gosto da verdadeira ação massiva.

Por fim, existem as que, além de adquirir conhecimento, colocam a mão na massa, têm atitude, transpiram, trabalham duro por décadas aplicando suas competências, entram em um *flow* incrível onde a dor passa a ser prazerosa, onde tudo faz sentido, em um ciclo virtuoso de evolução e ação constantes, até se tornarem *experts* naquilo que se propuseram a fazer.

Obviamente, o sucesso está nesse terceiro grupo de pessoas.

Na minha carreira e, imagino, que em qualquer outra, lido com tal incongruência diariamente. Lidero uma rede com milhares de distribuidores que se nutrem dos mais variados sonhos, mas com mentalidade, hábitos, comportamentos e atitudes que os distanciam, dia após dia, das metas e resultados.

Pessoas que se dizem sem perfil, quando, na verdade, falta de perfil é a desculpa do preguiçoso que não está disposto a aprender coisas novas e evoluir.

Pessoas "braços-curtos" que, em vez de se dedicarem integralmente ao crescimento e à ação, preferem perder tempo e dinheiro buscando atalhos, tentando criar fórmulas mirabolantes para o sucesso, cheias de ideias e completamente vazias de proatividade, farejando incansavelmente pela sorte e pedindo a Deus não pela vara de pescar, mas pelo peixe, preferencialmente, já descamado, sem espinhas e temperado com limão rosa.

Você já deveria ter aprendido que, se atalho fosse bom, se chamaria caminho.

Pessoas que, mesmo com deveres e objetivos, se escondem atrás da farsa das crenças limitantes e se enganam nas redes sociais. Que fingem produzir quando estão na frente do computador. Que se deixam vencer frequentemente pela procrastinação.

Ou que são adeptas à Lei do Mínimo: mínimo de esforço, mínimo de dedicação, mínimo de entrega, querendo o máximo de resultado.

Sabe qual a consequência disso? Um ciclo agoniante de expectativas e frustrações, que dilacera a esperança e culmina, via de regra, na desistência.

Eu passei por isso quando dei início à minha carreira como *networker*, no começo de fevereiro de 2012. Comprei um pequeno *kit* de produtos para começar a consumir, demonstrar e vender, mas achei que eles teriam pernas, porque eu mesmo não demonstrava e não oferecia.

Tentei abordar umas dez pessoas para se tornarem distribuidores da minha rede, mas acumulei rejeições. Organizava um evento por semana para apresentação da empresa, telefonava convidando uma dúzia de pessoas, mas quase ninguém ia assistir.

Durante meus três primeiros meses foi assim. Eu quase desisti. Foi o evento, que já comentei no capítulo anterior, realizado no fim de abril de 2012, que me despertou. Além de todas aquelas possibilidades financeiras apresentadas terem feito meus olhos brilharem, o evento foi decisivo para meu êxito porque cravou o amadorismo e o imediatismo em meu peito sem piedade. Mostrou para mim que minha equação estava, completamente, desalinhada.

Como que eu conquistaria independência financeira, como ajudaria minha família, como levaria uma mensagem vencedora à sociedade, se eu era um advogado que nunca tinha se envolvido com marketing de relacionamento na vida, nunca tinha empreendido, nunca tinha trabalhado com produtos, com vendas, com comunicação, com prospecção ou com liderança? Eu era um jovem sonhador, mas um *networker* amador, que não sabia o que fazer.

Ora, é óbvio que eu não sabia o que fazer. Eu era ruim naquilo. Era não, eu *estava* ruim naquilo. Estamos todos na mesma faixa de ruindade quando começamos algo novo e completamente diferente do nosso contexto de normalidade.

Sugiro apenas que fiquemos sempre atentos para não lidarmos com o erro de uma forma ingênua, otimista, tola, ou negligente, repetindo cegamente que "errar faz parte". Por outro lado, também não podemos encarar o erro de forma desesperada, depressiva, como se o mundo tivesse acabado.

Temos de ressignificar um erro como um sinal de que precisamos evoluir. Vamos errar muito, sim, errar realmente acontece durante o processo, mas sem leviandade e sem evitar a dor. O erro muitas vezes é um sintoma de que algo mais profundo precisa de cura. Ou seja, muitas vezes a visão romântica do erro nos faz perder o *timing* do aprimoramento e nos cega diante do necessário desenvolvimento em busca do "ter".

Além disso, talvez eu estivesse acreditando que prosperidade nascesse em árvore, porque eu queria ficar rico em "três" meses, falando com "dez" pessoas, fazendo "um" evento por semana, torcendo para que meu "pequeno" kit de produtos se vendesse sozinho, ligando para "uma dúzia" de pessoas. Que merda de empreendedor era eu? Que negócio no mundo te deixa rico em questão de meses, fingindo que trabalhamos por pouquíssimas horas por semana? Que intensidade de ação eu estava imprimindo em meu novo negócio para que ele me rendesse os frutos que imaginava?

Aprendi, assim, que temos que buscar o equilíbrio entre, de um lado, a expectativa, e, de outro, o preço que estamos dispostos a pagar. A fórmula começa com *"o que você quer conquistar"*, ou seja, com seu propósito, mas precisa estar em perfeita harmonia com *"o esforço que está disposto a fazer"*. Essa harmonia e sensatez salvaria várias vidas.

Assim, as pessoas bem-sucedidas pensam: "Terei muito dinheiro, para isso, levantarei capital para investir em um negócio próprio, trabalharei duro por anos e me desenvolverei para ser cada vez mais respeitado pelas pessoas e no mercado."

Quando começamos um relacionamento e nos apaixonamos, pretendemos casar, ter filhos e formar uma linda família com essa pessoa, não basta definirmos e desejarmos esse final feliz. Agora, precisamos evoluir, nos preparar para essa mudança, lapidar alguns comportamentos, respeitar e valorizar as diferenças presentes entre os dois indivíduos, dar duro para começar a guardar dinheiro para o casamento, para dar início à nossa construção familiar. Agir de forma exemplar, íntegra e fiel, honrando as pessoas que amamos, e nos orgulhando do ser humano que resolveu viver ao nosso lado para sempre, amando-o e respeitando-o todos os dias.

Quando iniciamos uma nova carreira ou um novo negócio e pretendemos ter sucesso, ganhar milhões, transformar nosso futuro e ajudar a alimentar dezenas de famílias, temos que ter a consciência que, por anos, colocaremos nosso foco integral no aprendizado das habilidades, das competências e dos comportamentos que nos levarão ao resultado almejado. Temos que estudar, trabalhar e nos esforçar mais do que nossa concorrência, nos comprometer disciplinadamente com um alto nível de produtividade para atingir a alta performance, passar noites em claro enquanto outros descansam, trabalhar nos feriados e finais de semana, gastar a sola do sapato e os pneus do carro todos os dias. Temos que ter fome.

Crescer dói. Evoluir dói. Fazer o que precisa ser feito dói. Pagar o preço também dói.

A pergunta é: Você está disposto a passar e suportar essa dor?

Se não estiver doendo, você não está crescendo. Mas, no fim, tudo isso vale a pena.

A verdade nua e crua é que, se não estiver disposto a esses indispensáveis sacrifícios, **você não vai realizar seus sonhos** e vai se frustrar, porque não vai atingir suas expectativas, simples assim. Acorde! Pare de se enganar, pare de acreditar em discursos motivacionais baratos e vazios.

T. Harv Eker nos brindou com esse princípio de riqueza: *"Para ganhar o máximo, você tem que ser o máximo."*[3] Esse também é um mantra da antimediocridade.

Nesse caso, você tem duas opções. Ou você se compromete a elevar sobremaneira seu nível de evolução e ação, ou você reduz drasticamente seus sonhos a patamares mais realistas. Do contrário, hora ou outra você escolherá o caminho mais fácil: desistir de tudo.

É claro que eu sugiro a você ambicionar grandes conquistas. Nosso propósito deve ser gigante, devemos almejar a prosperidade em todos os sentidos e transbordá-la, afinal, a vida, por mais dura que seja,

---

3 EKER, T. Harv. *Os Segredos da Mente Milionária.* p. 169.

oferece tudo para todos. Mas compreenda que não há privilégios no universo. Cada um retira da abundância universal aquilo que crê e faz por merecer.

Portanto, por outro lado, se seu desenvolvimento e suas ações estão condizentes com aquilo que você quer ter, o desafio agora é apenas prosseguir. Não parar! Não reduzir a marcha! Evolução e ação contínuas.

Antes de sermos excelentes, precisamos ser constantes. Sem parar, todo santo dia! Se sua meta é prospectar dez novos clientes por dia, busque-a todos os dias! Se é caminhar cinco quilômetros por dia, não descanse até atingi-la! Se é ler 20 páginas por dia, não durma antes de concluir! Hoje mais e melhor que ontem, e amanhã mais e melhor que hoje.

Para sermos constantes, precisamos ter disciplina.

Disciplina é obediência àquilo que você (autodisciplina) ou outra pessoa colocou como regra. É a exímia obediência ao cumprimento com nossos deveres e responsabilidades.

Para aprimorarmos nossa disciplina precisamos agir em três frentes:

- aumentar nosso nível de responsabilidade perante aquilo que compete a nós fazer
- quebrar nossas grandes tarefas em minitarefas que sejam impossíveis de não ser realizadas por nós diariamente
- observar atentamente as recompensas que conquistamos a partir do momento que somos disciplinados a completar nossas obrigações diárias

"Para cada esforço disciplinado há múltiplas recompensas."
Jim Rohn

Assim, ao decidirmos pela evolução e ação contínuas, não podemos esmorecer. Queremos ter sucesso e estamos dispostos a pagar o preço, então, vamos fazer o que precisa ser feito, custe o que custar. Evolução e ação constantes de forma disciplinada, esse é o nome do jogo. Não existe "evoluir e agir para ver se vai dar certo". Existe "evoluir e agir até dar certo".

Tenha sempre em mente que as pegadas nas areias do tempo não foram deixadas por pessoas sentadas.

Por falar em tempo, vale reforçar aqui o cuidado com o imediatismo, afinal, puxar a grama não a fará crescer mais rápido.

Eu sempre fui imediatista e meu imediatismo já me fez desperdiçar grandes oportunidades. É um dos meus comportamentos que preciso estar atento, em constante controle e aperfeiçoamento. Simplesmente, nunca gostei de esperar. Nunca tive na paciência uma fortaleza pessoal.

Todos os dias tenho que me lembrar de que aquele que não tem paciência para esperar o processo perde o milagre.

Tanto o processo natural das coisas quanto o processo do nosso próprio amadurecimento e o processo para que nossas ações comecem a gerar consequências.

Se é verdade que tudo que é grande leva tempo para ser construído, então o imediatismo é um dos grandes sabotadores do sucesso. Superestimamos o que podemos ganhar no curto prazo e subestimamos o que podemos conquistar no longo prazo. O longo prazo abençoa o caminho dos persistentes.

O fato é que, antes de cruzarmos a linha de chegada, não há como escapar de anos de competição e, durante a competição, da ininterrupta evolução.

Evolução é indispensável, mas, sozinha, não é suficiente. Nunca vi ninguém mudar de vida só por devorar livros e consumir horas e horas de conteúdo online. Aliás, está cheio de gente culta e quebrada no mundo. Eu mesmo conheço um monte de gente assim, que pensa saber de tudo, mas não sai do buraco.

Evolução, desenvolvendo-se, adquirindo habilidades, conhecimento e competências pessoais e profissionais é poder potencial. Ação é o verdadeiro poder de realização. **Evolução contínua somada à ação massiva é abundância.**

Aqui vale uma reflexão acerca de uma frase amplamente difundida no mundo empreendedor: *"Antes feito do que perfeito."* É um jargão popular que tece uma crítica legítima ao perfeccionismo e reverencia a iniciativa. Entretanto, é preciso ter cautela em sua aplicabilidade.

Iniciativa é uma das competências que está nas minhas *top* virtudes e, se eu pudesse te emprestar, o faria agora. Não esperar que algo aconteça para agir, mas agir para que algo aconteça é uma das competências que mais nos auxiliam durante a jornada. Costumo dizer que, se formos filhos da atitude e da iniciativa, jamais ficaremos desamparados.

Todavia, o discurso não pode ser em prol da iniciativa desvairada sob pena de alimentarmos frustrações, não gerarmos consequências válidas e colocarmos um bando de gente despreparada no caminho.

É certo que a prática será nossa principal professora. É certo que conhecimento sem ação sempre vai gerar um resultado igual a zero. Que o consumo excessivo de calorias de conteúdo, sem o gasto equivalente de calorias de atitude, causa obesidade cerebral. Mas também é certo que ação sem o mínimo de conhecimento, direcionamento ou orientação, pode até mesmo dar um resultado negativo.

Ir para uma guerra sem o mínimo de preparação física e sem armas é suicídio. Ir para uma reunião no trabalho sem sequer estar a par do assunto que será discutido é justa causa para demissão. Querer cozinhar o jantar sem nunca ter ligado o fogão é um risco enorme ao paladar alheio.

Eu me perfilo mais à frase de Peter Drucker, considerado o pai da administração moderna, na qual ele diz: *"Fazer as coisas certas é mais importante do que fazer as coisas direito."*

Ou seja, a partir do momento que você possui o mínimo de informação e instrução sobre o que deve ser feito, faça. Está na direção certa, faça. É moralmente correto, faça. Ainda que erre, faça de novo. Isso não é simplesmente "fazer", é fazer como deve ser feito.

Por isso, peço licença para aprimorar o jargão de acordo com minhas convicções: *"Antes feito como deve ser feito do que perfeito."*

Em meu negócio, por exemplo, todo novo distribuidor deve ser acompanhado de perto por um distribuidor mais experiente da minha equipe para evitar que o novo faça besteira. O distribuidor experiente será responsável por conduzi-lo em seus primeiros dias, direcioná-lo em seus primeiros estudos, realizar as primeiras reuniões e vendas junto a ele e, principalmente, experimentar as primeiras frustrações e êxitos ao lado dele, impedindo o descontrole e a desistência diante de situações novas e emocionalmente desgastantes.

Outra vez, o segredo está no equilíbrio. Evoluir e agir. Absorver conhecimento e colocá-lo em prática. Tudo isso de forma rápida e consistente. Aprendeu? Ação! Estudou? Ação!

De maneira prática, já falamos o bastante sobre ação, trabalho duro, esforço e dedicação. Agora, avançaremos às reflexões e orientações sobre evolução pessoal e profissional. E tudo começa no autoconhecimento.

AUTOCONHECIMENTO E DESENVOLVIMENTO

Compartilharei com você algumas de minhas filosofias e aprendizados, empíricos e autodidáticos, a respeito de evolução e desenvolvimento pessoal e profissional, bem como algumas orientações que auxiliaram demais em minha história de sucesso.

Bem, para evoluir precisamos conhecer nossa situação atual primeiro. Precisamos nos autoavaliar para saber exatamente em que necessitamos de aprimoramento. Evoluir é sinônimo de progredir e, para progredirmos, temos que partir obrigatoriamente de um ponto específico. Quando ligamos um

GPS, antes de inserir o destino e definir a rota, ele precisa detectar nossa exata localização naquele instante.

Esse é o processo denominado autoconhecimento. Olhar para dentro e avaliar como está nosso nível de excelência nos pensamentos, comportamentos, competências e habilidades necessárias à realização de nossos propósitos.

Sim, nossos pensamentos também devem ser objeto de autoavaliação. Acredito que em nossa mente repousa a resposta para todas as nossas perguntas, todos os remédios para nossas doenças e, por isso, faz-se fundamental estarmos atentos às nossas condutas mentais e lapidarmos a maneira como pensamos.

"Tudo que a mente humana pode conceber, ela pode conquistar."
Napoleon Hill

É interessante compreender, também, que não há melhor maneira de conhecer outros indivíduos do que conhecendo a si mesmo. Investir tempo em avaliar suas reações, comportamentos, emoções e pensamentos lhe ajudará a entender melhor a sociedade e a desenvolver empatia.

A psicologia, bem como diversos estudiosos, autores consagrados e inúmeras pessoas de sucesso, desenvolveu as mais variadas teorias a respeito do funcionamento da mente humana e de como criamos nosso estado e nossa realidade. Lei da Atração, Processo da

Manifestação, Programação Neurolinguística, Teoria Cognitivo-Comportamental etc.

A despeito disso, eu acredito no seguinte **Processo de Criação de Resultado (PCR):**

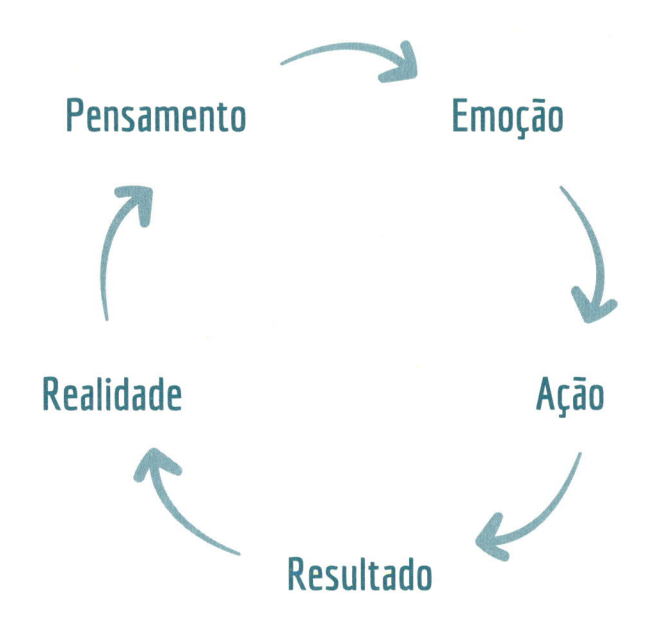

Pensamento → Emoção → Ação → Resultado → Realidade → Pensamento

Esse processo é cíclico e infinito e conseguimos interferir de maneira mais direta na forma como pensamos e agimos desde que estejamos focados no "ser" e no "fazer", e não no "ter".

Nossos pensamentos podem ser fruto de meras ilusões, sem nenhuma concretude, ou realistas e pautados na verdade. Daí a importância de aceitarmos (compreendermos com o coração) nossa realidade para que nosso pensamento esteja corretamente alinhado.

Pessoas com pensamentos extremistas, sabotadores, desequilibrados, negativos, pessimistas ou de negação à realidade tendem a ter emoções negativas como tristeza, raiva, medo, ódio, amargura, arrependimento, ira e frustração.

Pessoas com pensamentos positivos, realistas, de aceitação, contemplação, entendimento e compreensão da realidade tendem a ter emoções positivas como alegria, amor, bem-estar, prazer, esperança, entusiasmo e gratidão.

Ora, se nosso objetivo é produzir os resultados necessários a fim de atingirmos nossos propósitos, e nossos pensamentos são precursores dos nossos resultados, então, precisamos analisar como estão nossos pensamentos de acordo com o que acontece a nossa volta.

Nossos pensamentos interferem em nosso estado emocional e nosso estado emocional influencia nossas ações.

Nossas ações, quando estamos com o coração apreensivo, são completamente diferentes de quando estamos nutridos de esperança e alegria. Um sorriso sincero é percebido de longe, a amargura também.

Como agimos e reagimos, como nos comportamos, nossas atitudes, habilidades desenvolvidas e competências ditarão nossos resultados. Quanto mais intensas e melhores nossas ações forem, mais resultados positivos obteremos.

E, por fim, nossos resultados influenciam nossa realidade, nosso meio em que vivemos, nossas crenças e até nosso caráter. O ciclo se fecha quando notamos que nossos pensamentos são pautados em nossa realidade.

Meu objetivo não é trazer profundidade nesse tipo de estudo, mas demonstrar que, no processo do autoconhecimento, tanto nossos pensamentos como nossas ações e comportamentos precisam ser avaliados, pois podem ser aprimorados e serão determinantes em nossos objetivos.

É impossível dominar o mundo se você não domina a si mesmo.

Percebe que "ser" e "fazer", como sinônimo de "evoluir" e "agir", têm influência em todos os nossos resultados? Que temos o poder de aprimorar nossos pensamentos e ações e, assim, criar resultados e realidade diferentes? Percebe, ainda, a autorresponsabilidade como conceito fundamental nesse processo?

Está claro, portanto, que o autoconhecimento lhe auxiliará rumo à evolução e que tal evolução é parte indispensável na busca de seu propósito. Entretanto, quero compartilhar duas constatações categóricas que tive durante minha jornada: não existe perfeição e foque no desenvolvimento direcionado.

Não existe perfeição

Trago boas notícias. Você não precisará se transformar em um Cavaleiro *Jedi*, ou em um bruxo mágico, ou ainda em um guru *fake* das redes sociais e nem em um super-herói. Aliás, parte fundamental da sua evolução é manter intacta sua essência. Portanto, é algo bem mais simples do que pode imaginar.

Eu me recordo que, anos atrás, quando ainda não tinha nem os resultados e nem a mentalidade de hoje, fui a uma livraria e comprei uma dúzia de livros de liderança, sucesso e desenvolvimento pessoal.

Quando comecei a lê-los, cada página me aterrorizava mais. Estava encolhendo no sofá. A cada capítulo que estudava, meus sonhos se distanciavam. Isso porque os livros traziam tantas "habilidades imprescindíveis", tantos "hábitos de pessoas de sucesso", tantos "comportamentos corretos", tantas regras que eu nunca tinha ouvido falar na vida (e até hoje não aplico) que eu pensava: *"É impossível ter sucesso, porque nunca serei perfeito em todas essas coisas."*

Certa vez comprei um curso *online* de vendas, ministrado por um influenciador da área. Cerca de 20 videoaulas com conteúdo que, com todo o respeito, ele não aplica e nunca aplicou nem 20% daquilo em sua carreira. Teorias que eu nunca vi ninguém utilizar na prática e nunca vi ninguém dizendo que mudou drasticamente seu resultado financeiro por realizar determinadas ações.

Além disso, eu duvido que ele ou qualquer outra pessoa possua 10% das "características de um vendedor de sucesso" elencadas no curso. Nem um semideus reúne todas aquelas virtudes.

Foi compartilhado bom conteúdo? Claro que sim! Algumas técnicas e dicas excelentes. Peguei alguns *inputs* importantes e úteis para meu negócio. Mas, de todo aquele encorpado curso, tenho convicção que apenas uma ou duas aulas são realmente aproveitáveis para qualquer vendedor. O resto é encher linguiça, uma arroba de conteúdo sem utilidade prática.

Mas, então, por que um curso tão robusto? Primeiro, pelo ego. E, segundo, porque um curso de 20 videoaulas tem valor agregado muito maior do que um curso de uma aula, logo, cobra-se bem mais por isso.

Depois de alguns anos, cá estou eu para te dizer que você não precisa se preocupar. **A perfeição é utópica e paralisante.** Você não vai ter que se tornar o Sr. ou a Sra. Atitude Determinação Coragem Persistência Positividade Visão Autoconfiança Iniciativa Comprometimento Vendas Oratória Finanças Resiliência Liderança Criatividade Adaptabilidade Solidariedade da Silva Santos.

Tem muita gente incrível se achando uma merda, por causa de muita gente merda que se acha incrível.

Analise com frieza, racionalmente, deixe de ser deslumbrado e perceba que tudo é *business*. Por trás de tudo existe um negócio que precisa dar lucro. O que não tem nada de errado. Você só não pode aceitar tudo como verdade absoluta ou como métodos infalíveis. Tome uma dose de pensamento crítico por mim, por favor!

Conheço algumas dezenas de multimilionários, centenas de mulheres e homens extremamente bem-sucedidos em diversos segmentos profissionais e em outras áreas da vida, e todos eles possuem inúmeros defeitos e fraquezas. Eu possuo uma infinidade de pensamentos, habilidades e comportamentos que estão a anos-luz da perfeição.

É claro que você terá que desenvolver algumas características de maneira mais profunda, outras de maneira mais rasa e que outras, simplesmente, não conseguirá desenvolver, não as tendo como virtudes. Não tem problema. O importante é esquecer a ideia de perfeição e, dentro disso, se encontrar.

Todos temos imperfeições práticas e psicológicas. Mas veja que belo: O que são essas imperfeições, senão parte do que nós somos? Parte da nossa essência e personalidade? É claro que vamos em busca da evolução contínua, contudo, as imperfeições continuarão existindo porque elas nos destacam como seres únicos, distintos e especiais.

A maturidade reside no respeito e na valorização das nossas imperfeições. Reside no orgulho pela nossa autenticidade.

Consequentemente, nossos pontos fortes também nos autenticam, também nos diferenciam e também nos fazem excepcionais.

Assim, **eu acredito que todos temos pontos fortes e pontos fracos, fraquezas e virtudes, todas passíveis de aperfeiçoamento, mas sem o fardo da perfeição.**

Até porque eu creio que nós não somos, estamos. Não somos fracos, podemos estar fracos. Não somos irresponsáveis, podemos estar irresponsáveis neste momento. Não somos preguiçosos, podemos estar preguiçosos. Eu e você sempre podemos mais, e tudo depende de nós mesmos.

Talvez alguma de suas fraquezas nunca se torne uma de suas virtudes. E está tudo bem. Mas você terá a responsabilidade de desenvolvê-la até um nível que, pelo menos, pare de impedir o atingimento de suas metas.

Por exemplo, em uma escala de 1 a 10, sendo 1 péssimo e 10 perfeito, se você exerce uma profissão na qual ter um bom nível de organização é importante para seus objetivos, porém você se avalia como nota 2 nessa habilidade, obviamente, você precisará **se esforçar** para melhorá-la. O esforçado vence o talentoso, lembra-se?

Talvez ela nunca se torne uma habilidade nível 10, mas, se você chegar a um nível de desenvolvimento onde sua desorganização não te atrapalha mais e compensar qualquer lacuna com trabalho duro, você evoluiu e venceu.

Suas virtudes, por sua vez, precisam ser postas em evidência. Você tem muitas virtudes, sem falsa modéstia e sem vitimismo, ok? Seu conjunto de pontos fortes será sua marca, seu diferencial competitivo e você precisará aprender a detectá-los e explorá-los ao máximo.

Seguindo o mesmo raciocínio, se você é proprietário de uma loja de revenda de automóveis usados e se considera um exímio vendedor, avaliando-se como nota 9 na habilidade comercial, é inteligente que você seja o sócio responsável por esse departamento e não pelo departamento contábil-financeiro. Você deve estar focado em treinar sua equipe de vendedores, dando exemplos práticos diários de técnicas de vendas, estando na linha de frente do atendimento ao consumidor, além de manter-se em constante evolução nessa habilidade para não cair em acomodação.

Desenvolvimento direcionado

Você entendeu o conceito de evolução das fraquezas e das virtudes e se libertou da perfeição mentirosa que vendem por aí.

Agora, será importante adquirir a compreensão acerca do foco de aperfeiçoamento.

Conheço pessoas incríveis que nunca conquistaram nada de relevante na vida pelo simples fato de não definirem com precisão o tipo de conteúdo que precisariam consumir de acordo com a habilidade que teriam que aperfeiçoar em prol do objetivo que queriam atingir.

Pessoas geralistas que pensam saber de tudo um pouco, ávidos estudiosos de todas as áreas possíveis, mas que, na verdade, não sabem nada de coisa alguma, pois nunca se tornam especialistas em nenhum assunto. O que mais temos hoje em dia são pessoas rasas, que baseiam seus argumentos em conteúdos frágeis.

A fórmula do desenvolvimento direcionado é:

$$P \to H \to C$$

Tudo inicia com a definição do que você quer conquistar. A partir disso, de acordo com esse seu *propósito* ou uma meta particular, defina quais *habilidades* ou comportamentos precisará desenvolver e, por fim, selecione o tipo de *conteúdo* que consumirá.

Isso é bem simples e óbvio, mas, como somos diariamente bombardeados por assuntos gerais através de cursos *online*, *lives*, webséries, conferências, vídeos, *stories*, *posts*, fica muito fácil de nos distrairmos, perdermos o foco e nos tornarmos devoradores de conteúdos inúteis.

Se em um determinado momento nós não direcionarmos nosso foco de desenvolvimento, também corremos o risco de nos tornaremos aquele tipo de pessoa rasa, que sabe quase nada de quase tudo. Que lê até a página dez e já se julga bom o suficiente para palestrar sobre o tema e, quando questionado, gagueja e se sente ofendido.

Para nos tornarmos pessoas de sucesso em qualquer área, precisamos de profundidade nos conteúdos específicos, que servirão de substância para elevarmos o padrão das nossas competências.

De forma prática, se você é uma *chef* de cozinha e deseja abrir uma cantina italiana, faz sentido você reduzir significativamente o consumo de conteúdo de qualquer outra área para mergulhar na história da gastronomia italiana, nas ferramentas e utensílios utilizados pelos *chefs* daquele país, nos principais ingredientes e temperos da região, no estudo das massas italianas, nos pratos tradicionais etc.

Quando minha esposa, Karol, estava grávida da nossa filha, Isabella, fiquei impressionado como ela imergiu nesse mundo de gravidez e maternidade. Comprou diversos livros, fez sessões de *coach*, baixou aplicativos, entrou em grupos, participou de cursos e passou a acompanhar apenas influenciadoras digitais desse tema. Tornou-se uma mãe exemplar que, agora, aconselha diversas outras recém-mães.

Em meu segmento, conheço milhares de distribuidores que querem ter sucesso, mas em vez de direcionarem seu foco de estudo em técnicas e práticas de vendas, negociação, oratória, comunicação, gestão e liderança, preferem ler romances, acompanhar influenciadores de corpo sarado, estudar física quântica, assistir telejornal e comprar cursos de marketing digital.

Conhecimentos gerais podem ser úteis, mas você precisará avaliar a cada ocasião o que você precisa e a quantidade certa que deve absorver de conteúdo, de acordo com sua autoavaliação e autoconhecimento.

É importante estar atento também à cronologia e o grau de complexidade do conteúdo consumido. Se você está começando a desenvolver uma habilidade, comece pelos conceitos fundamentais, práticas simples, treinamentos básicos e, aos poucos, vá avançando à medida que se sentir mais confortável e tiver mais domínio daquele conteúdo.

Tenha um mentor. Uma pessoa próxima a você que te oriente durante a jornada, ou durante um aprimoramento específico. Claro, alguém que você se identifique, em quem você se inspira, que esteja disponível para você e, sobretudo, que já tenha os resultados que você espera ter naquilo que está evoluindo.

Um mentor não fará por você, mas te dará genuíno direcionamento, te fazendo economizar tempo e dinheiro. Um mentor também não fala com você todos os dias, o nome disso é namorada. Por isso, não se acomode e nem se faça do tipo carente. Você está e sempre esteve por conta própria, mesmo com um mentor ao lado.

Assim, nunca se esqueça de que não adiantará você consumir todo esse conteúdo, geral ou específico, ser acompanhado por um mentor, e não colocar nada em prática. Não se esconda atrás da evolução! Não use os estudos para evitar a dor da ação e da cobrança por resultados. Desenvolvimento pessoal não é muleta e qualquer tipo de inércia é injustificável. Você não é uma árvore para ficar parada.

Quero sugerir uma dinâmica simples, mas que norteará com lucidez seu caminho para a evolução direcionada.

Elencarei diversas habilidades e comportamentos que podem ser úteis à sua jornada. Vamos focar o desenvolvimento profissional, mas a lógica da dinâmica é a mesma para qualquer outro objetivo que você tenha, quer na esfera financeira, quer na espiritual, familiar, física, mental, emocional, entre outras:

- Atitude
- Organização
- Disciplina
- Iniciativa
- Ambição
- Pensamento positivo
- Prazer em servir
- Comunicação
- Presteza
- Prazer em estudar
- Coerência
- Resolução de problemas
- Autenticidade
- Capacidade estratégica
- Mídias digitais
- Vendas
- Autocobrança
- Gestão de pessoas
- Facilidade com números
- Liderança
- Definição de metas
- Pensamento crítico
- Criatividade
- Planejamento
- Capacidade de julgamento
- Inteligência emocional
- Autoconfiança
- Humildade
- Coragem
- Oratória
- Análise de dados
- Idiomas

- ⊕ Negociação
- ⊕ Trabalho em equipe
- ⊕ Foco
- ⊕ Objetividade
- ⊕ Laboriosidade
- ⊕ Resiliência
- ⊕ Antifragilidade
- ⊕ Persistência
- ⊕ Visão
- ⊕ Determinação
- ⊕ Simpatia
- ⊕ Comprometimento
- ⊕ Energia mental
- ⊕ Energia física
- ⊕ Fome
- ⊕ Autorresponsabilidade
- ⊕ Paciência
- ⊕ Empatia
- ⊕ Paixão pelo que faz
- ⊕ Ética
- ⊕ Mentalidade colaborativa
- ⊕ Crença pessoal
- ⊕ Marketing
- ⊕ Honestidade
- ⊕ Tolerância
- ⊕ Poder de decisão
- ⊕ Adaptabilidade
- ⊕ Motivação
- ⊕ Capacidade de relacionar-se
- ⊕ Realismo
- ⊕ Detalhismo

De acordo com a fórmula P ➔ H ➔ C, primeiro é importante que você defina seu propósito. Se necessário, volte algumas páginas para reler o capítulo que abordamos a *fome de propósito* e reflita a respeito daquelas perguntas. Caso ainda não tenha seu propósito tão claro, escreva uma meta que você queira atingir e esteja no seu coração. Sem técnicas, apenas escreva o que veio à sua mente, desde que faça parte do seu pilar profissional.

Escreva aqui:

_____

_____

_____

_____

_____

_____

_____

_____

_____

_____

_____

_____

Agora, em meio às habilidades e/ou competências elencadas, sublinhe com uma caneta azul as 10 que você avalia como seus principais pontos fortes ou virtudes e com uma caneta vermelha as 10 que você avalia como seus principais pontos fracos ou fraquezas.

Feito isso, de acordo com seu propósito ou sua meta, dentro dessas 10 pré-selecionadas, escolha aquelas 3 virtudes *tops*, aquelas 3 que você bate no peito e diz "nisso eu sou bom" e, principalmente, que te ajudariam a atingir o propósito almejado. As 3 *tops* precisam servir no caminho para seu propósito.

Faça o mesmo com as 3 fraquezas, entre as 10, que você avalia que mais te atrapalham ou atrapalhariam em busca do seu objetivo.

Dentro dessas 3 virtudes está a sua marca pessoal. Está o seu maior diferencial competitivo. É assim que você se enxerga e, com certeza, é assim que o mundo te enxerga. Explore-as, tenha-as como seu escudo e espada, construa um "você profissional" baseado nesses pontos fortes e mantenha-se aprimorando-as, sem cair na zona de conforto.

Lembre-se sempre de manter a humildade, porque o ego é a maior arma de destruição dos seres humanos, e de manter-se em franca evolução. Ninguém tem cadeira cativa no sucesso. Se parar de crescer, de se atualizar e de entregar resultado, você será esquecido. Quem vive de passado é museu. Não podemos parar ou nosso nome será apagado da história. O mundo é cruel. Não basta chegar longe, você será cobrado para ir sempre além!

E, com relação aos seus 3 pontos fracos, você acabou de definir seu foco de aprimoramento, bem como o tipo de conteúdo que você precisa consumir a partir de hoje até que seus pontos fracos atinjam um nível razoável e deixem de atrapalhar sua produtividade e performance, consequentemente, deixando de ser empecilhos para seu resultado.

Pesquise, leia livros e artigos, faça cursos, acompanhe influenciadores, aproxime-se das pessoas que já são boas nisso, peça ajuda, ouça áudios, assistia vídeos, estude e, sobretudo, coloque em prática tudo isso que absorver, todo santo dia! Não fique só na teoria! A vida não é um concurso público!

Insanidade é saber o que te sabota e não fazer nada para mudar.

CORAGEM

Mudança. Essa palavra causa calafrios. Mudar de casa, mudar de empr\ego, mudar de cidade, mudar de hábitos e mudar de rotina. Que assustador! Então, mudar de pensamentos, mudar de atitudes, mudar de comportamentos, só piorou a situação.

Colocar-se em posição de uma necessária mudança é um gatilho de medo ou pânico para muitas pessoas. O único remédio para o medo chama-se coragem.

O antônimo de medroso não é corajoso, é destemido. O antônimo de corajoso não é medroso, é covarde. Ou seja, a coragem coexiste com o medo.

Coragem vem do latim *coraticum* que significa "agir com o coração". Trazendo para casos concretos, coragem é enfrentar o medo, é agir mesmo com medo, é agir apesar do medo.

Coragem é firmeza de espírito, é força mental, é determinação moral.

Coragem é quando você decide pular do *bungee jump*, mesmo se borrando nas calças. É quando você avança para dar um beijo naquela paquera, mesmo com a boca seca. É quando você trata o joelho ralado do seu filho, mesmo tendo aversão a sangue.

Mudar, evoluir e agir requer coragem.

"A causa mais comum do fracasso é a incapacidade ou falta de vontade de mudar diante das exigências de uma nova posição."
Peter Drucker

É importante frisar que adaptações e mudanças serão sempre necessárias e você precisa estar aberto a elas e ter coragem para aplicá-las. Apenas tome cuidado para não se tornar uma pessoa que muda a todo momento, muda de ideias, de projetos, de opiniões e de ações como quem troca de roupa íntima, sem dar um tempo razoável para que a mudança anterior surta efeito. Isso demonstra desespero, despreparo e falta de confiança no caminho previamente definido. Demonstra estar perdido, andando em círculos, em busca de uma salvação quase irracional. Tenha discernimento.

O fato é que o maior risco de hoje em dia é não arriscar, prestigiando as comprovadamente fracassadas estabilidade e segurança.

O conceito de "risco" mudou. O que você entende por segurança e estabilidade não existe mais. Milhões de empregos desaparecerão, milhões de pessoas serão substituídas por tecnologia, o empregado passará a receber por produtividade e as garantias e benefícios aos quais estamos acostumados hoje deixarão de existir.

Mais uma vez, um exemplo categórico é a crise do coronavírus, onde muitos sentiram na pele a necessidade de mudança, de adaptação e reinvenção dentro de um curtíssimo prazo de tempo. Ter coragem, no mundo moderno, é imperativo.

Minha coragem foi posta à prova quando decidi mudar de profissão, deixar de advogar para empreender. É claro que tive medo. O empreendedor nunca tem a certeza que seu negócio lhe trará fortuna, ele caminha sobre uma corda-bamba entre a fortuna e a falência, mas é esse frio na barriga que move o empreendedor de verdade.

Com o tempo, nos acostumamos e concluímos que não é possível falar de sucesso absoluto sem assumir alguns riscos. É impossível chegar ao topo sendo médio, medíocre.

Eu era advogado e acredito verdadeiramente que teria sucesso se persistisse na advocacia. Estava indo muito bem nos meus primeiros anos de carreira, desconsiderando o aspecto financeiro. Porém eu seria um advogado de sucesso infeliz. Um advogado com dinheiro, mas robotizado, sem aquele fogo no peito que deve mover um trabalhador de qualquer área, sem propósito, sem fome.

Eu amo o Direito enquanto ciência, respeito a advocacia enquanto profissão, mas minhas insatisfações com o mercado e reconhecimento, decepções no trabalho e completa ausência de perspectiva, somadas ao mundo inexplicável que encontrei no empreendedorismo e no marketing de relacionamento, não me deram outra escolha senão mudar.

Minha mudança definitiva ocorreu um ano depois de eu ter começado minha carreira empreendedora. Inicialmente, levei a advocacia e o meu negócio em paralelo. Até que, finalmente, decidi em bom e alto som: "A partir de hoje eu não deixarei que ninguém diga o quanto eu valho, porque através do empreendedorismo descobri meu valor."

Depois dessa frase do meu Dia D, houve aplausos, confetes, serpentina e trombetas, com pássaros revoando e outros animais se ajoelhando aos meus pés como na apresentação do Simba ao reino, certo?

Óbvio que não! Por grande parte das pessoas fui massacrado pública e privadamente, mas, principalmente, pelas costas mesmo.

Tem gente que torce para um desconhecido vencer um *reality show*, mas não torce para um conhecido vencer na vida. Vai entender!

"Que absurdo", *"Vai abandonar um diploma de universidade pública para vender produto de porta em porta?"*, *"Vai trocar uma promissora carreira por um sonho de verão, mas logo volta"*, *"Que vergonha, virou vendedor"*, esses são alguns exemplos de frases que escutei aos montes.

Estava com medo, estava sendo condenado e mesmo assim eu mudei! Mudei porque meus sonhos estavam falando muito mais alto que minhas desculpas e meus medos.

Mudei porque quem pagava minhas contas era eu, e eu não devia satisfação a ninguém. Essencialmente, ninguém estava preocupado comigo ou com meus problemas, apesar de falarem de mim e das minhas decisões.

Mudei porque estava convicto que seguiria honrando a minha família, meus valores, assumiria minhas responsabilidades e arcaria com as consequências. Nunca fugi de uma guerra.

Mudei porque eu estava mais feliz e porque a nova carreira fez mais sentido para mim. Quer justificativa melhor para termos coragem para qualquer mudança? Sua felicidade e o sentido de sua vida?

Essa minha decisão corajosa mudou tudo. Construí um negócio multimilionário, fiz fortuna, cultivei centenas de novas amizades, conheci o mundo visitando países que nunca imaginaria, evoluí assustadoramente como homem, pai, marido, filho, amigo e profissional.

E se eu tivesse dito não? Se eu tivesse me acovardado diante das mudanças e decisões? Se eu tivesse dado ouvido às críticas? Onde eu estaria hoje?

Seu medo não pode te bloquear!

Ah, e quando eu venci, aquelas mesmas pessoas que me condenaram fizeram fila para me dar tapinhas nas costas. Hoje, me chamam de visionário, arrojado, valente e dizem se inspirar em minha história. A vida real é assim, acostume-se. Absolutamente nada falará mais alto que seu resultado.

Porém, eu entendo essas pessoas. Apesar de sermos extremamente adaptáveis, nós não somos programados para a mudança, sequer somos programados para pensar.

Somos doutrinados para sermos executores. Somos catequizados para nos tornarmos um número em uma linha de produção. Somos educados para fazermos parte da média. Somos treinados para a sobrevivência.

Minha educação inteira foi mais ou menos assim: ponha o mesmo uniforme; sente na mesma cadeira; tocou o sinal, saia; tocou o sinal, volte; decore os assuntos para passar de ano; passe de ano para chegar ao vestibular; decore as matérias para passar no vestibular; faça cursinho para te ajudar a decorar as matérias para passar no vestibular; passe no vestibular; decore as matérias para passar de ano; se forme; vá para o mercado de trabalho; arrume um emprego; e a hora que tocar o despertador, já sabe o que fazer, ponha o mesmo uniforme...

Nossa mente não foi programada para o sucesso. A mentalidade implantada em nossos cérebros é de um software arcaico que poucos têm a coragem de questionar e atualizar. Só que, uma vez atualizado, você nunca mais volta a ser como antes.

"Os mesmos ventos da economia, da política, das crises e das oportunidades sopram para todos. Por isso, o que vai definir seu destino, será a posição das suas velas."
Jim Rohn

Todos rumam para o mesmo lugar, todos posicionam suas velas de maneira muito semelhante, por isso, não é fácil romper com esse modelo padrão de conduta. Entretanto, dependendo do destino que você quer dar à sua vida, você vai ter que ter a coragem para navegar a contravento.

Então, livre-se dessa prudência egoísta que nada arrisca! Está na hora de deixar de amarelar e virar o jogo!

Outro dia me questionaram em uma das minhas redes sociais: "Como despertar nossa coragem?"

Essa pergunta me fez refletir e estudar, porque sabia que a colocaria em meu livro. E de tudo que pesquisei e pensei, cheguei à conclusão que sua coragem vai aparecer quando você se apegar a seus valores, quando aquilo que tiver que fazer seja o certo.

O certo é certo ainda que ninguém esteja fazendo e o errado é errado ainda que todos estejam fazendo. Leve essa frase para o resto da sua vida em qualquer decisão e ação que venha a tomar.

A não ser que alguém sofra com algum tipo de doença ou distúrbio mental, todos nós sabemos o que é certo e o que é errado, de acordo com princípios éticos e morais.

O certo é aquilo que você pode contar integralmente aos seus filhos. Portanto, escreva uma história da qual você vai sempre se orgulhar de mostrar todas as vírgulas para eles.

Tento sempre seguir à risca meus sete mandamentos pessoais:

1 *Faça somente o que é correto;*

2 *Seja você mesmo sempre, orgulhando-se de ser quem é;*

3 *Trabalhe duro para construir algo de valor;*

4 *Não pare de evoluir;*

5 *Honre e ame a Deus e a sua família;*

6 *Seja educado e respeitoso com absolutamente todos os seres vivos; e*

7 *Não encha o saco de ninguém, porque ninguém aguenta gente chata.*

Por fim, pare para pensar, a vida é curta demais para não darmos a ignição necessária em nossas evoluções e ações, não é mesmo? O tempo passa muito rápido para o desperdiçarmos por vergonha, indecisão ou medo.

A vida é um sopro e todos vamos morrer, não podemos controlar isso. Mas podemos controlar como seremos lembrados. Por isso, é importante sermos ávidos por mudanças, inovações e novidades, nos acostumando com os inevitáveis tropeços e derrotas. Afinal, tristeza não é perder. Tristeza é não poder tentar de novo e viver com a dor do arrependimento.

A mágica acontece quando você evolui, muda, se torna sua melhor versão, sem mudar quem você é essencialmente. Mantendo sua autenticidade intacta.

CORAGEM PARA EMPREENDER

Abro um breve espaço para dar um conselho especial a você que quis ou quer empreender, mas tem medo e falta coragem, sobretudo, por pensar que não vai dar conta, que é muito difícil, muito arriscado ou que você não tem esse perfil: **você já é um empreendedor, porque a vida é um empreendimento.**

Empreender é o processo de produzir e criar soluções e oportunidades de valor, dentro ou fora dos negócios, alocando seus recursos em busca de resultados positivos.

Da mesma maneira que um cidadão tem que se virar para viver de maneira honrada, pagar suas contas, cuidar de sua família e lutar pelos seus sonhos, no mundo dos negócios, um empreendedor tem que se virar para fazer seu negócio dar lucro, cumprir com suas obrigações, inovar, se adaptar, mudar, bater suas metas e conquistar seus objetivos.

Por bater duro algumas vezes, assim como o mercado bate duro no empreendedor, a vida te prepara para lidar com desafios, solucionar problemas, buscar o equilíbrio, corrigir a rota, evoluir e agir para gerar resultados, absolutamente tudo que um empreendedor se dedica a fazer.

Sua vida é um empreendimento e você já é *expert* em diversos departamentos:

- **Financeiro:** você precisa diariamente controlar suas finanças. O quanto você gasta precisa ser menor do que quanto você ganha no seu trabalho, para que você possa poupar e investir. Reduzir seus gastos e aumentar suas receitas faz parte do seu cotidiano.

- **Administrativo:** para mim, gestão é sinônimo de tomar decisões e prezar pela eficiência. Você toma decisões todos os minutos. Decisões corretas, decisões equivocadas e decisões por não decidir. Quanto mais você amadurece, mais vai coletando informações, experiências e dados para aperfeiçoar suas próximas tomadas de decisões e organizar melhor sua vida. Desligar a luz ao sair de um ambiente é uma decisão de gestão prezando pela eficiência (menor gasto de energia elétrica). Estabelecer uma rotina é uma decisão de gestão que também buscará a eficiência (organizar para otimizar).

- **Contábil:** imposto de renda, IPVA, IPTU, IOF, taxas, contribuição previdenciária, todos esses tributos são de sua responsabilidade em vida e, com mais ou menos riqueza de detalhes, você acaba entendendo os conceitos e sendo um bom pagador, sob pena de sofrer punições.

- **Marketing e Comercial:** talvez você não perceba, mas você cria, agrega valor, comunica e vende suas ideias, crenças, características e imagem às pessoas ao seu redor. Você tem corriqueiramente a legítima intenção de persuadi-las.

- **Compras:** com alguma frequência, você deve avaliar suas necessidades e fazer orçamentos, pesquisando em diversos concorrentes, antes de comprar algum item para sua casa, seus estudos ou trabalho.

- **Logística:** idas e vinda do trabalho, da escola dos filhos, do supermercado, dos prestadores de serviço. Tudo isso tentando otimizar o percurso para reduzir o tempo no trânsito, a distância percorrida e os gastos com esses deslocamentos.

- **Recursos Humanos:** você decide quem entra e quem deve sair da sua vida.

Percebe que empreender não é um bicho de sete cabeças? É mais fácil do que imagina. Só basta se livrar das âncoras que te impedem de voar e mergulhar nesse mundo incrível. É transferir aquilo que você já faz no seu dia a dia para dentro de uma pessoa jurídica.

Robert Kiyosaki, em seu *best seller Pai Rico, Pai Pobre*, trouxe a teoria do Quadrante do Fluxo de Caixa, que consiste na ideia de que 90% das pessoas ativas do mundo são empregadas ou autônomas, enquanto 10% são donas de grandes negócios ou investidoras. Entretanto, 90% do dinheiro do mundo está disponível para 10% dos donos de negócios e investidores, enquanto 10% do dinheiro do mundo está nas mãos dos 90% de empregados e autônomos.

Significa dizer que a verdadeira prosperidade financeira absoluta só pode ser atingida por aqueles que são empresários, empreendedores ou investidores, por tratarem-se de territórios pouco desbravados, repletos de oceanos azuis, onde a concorrência é menor e onde há abundância de recursos.

Além da prosperidade financeira, empreender é uma força motriz social. Empreender gera riqueza, gera oportunidade, gera dignidade, gera tributos que são pagos para que o Poder Público faça a parte dele, e pode erradicar a miséria.

Eu sou um entusiasta do empreendedorismo porque sei que através deste veículo, deste processo, você com certeza despertará seu verdadeiro potencial, compreenderá melhor a sua essência, vai servir à sociedade e pode se surpreender com seu poder de realização.

Não adianta ser um Ayrton Senna e dirigir um automóvel que não passe dos 80km/h. Para fazer história na Fórmula 1, você precisará sentar em um veículo que te leve a 300km/h e que te dê a chance de ser campeão.

PAPO RETO
COM O AUTOR

Gostaria de te sugerir um teste. Imagine o seu Dia Perfeito, como ele seria? Entre o seu abrir e fechar de olhos, o que deveria acontecer para que seu dia fosse marcante, fosse incrivelmente maravilhoso? Escreva abaixo cinco situações, acontecimentos, detalhes, fatores, que proporcionariam que você tivesse o seu Dia Perfeito:

1) _____
   _____
   _____

2) _____
   _____
   _____

3) _____
   _____
   _____

4) _____
   _____
   _____

5) _____
   _____
   _____

Quando eu fiz este teste com parte de minha equipe de empreendedores, o resultado foi surpreendente. Mais de 70% dos participantes começaram elencando "um lindo dia de sol" como um dos fatores que colaborariam para um dia perfeito.

Outras situações amplamente mencionadas foram: receber carinho dos filhos, atingir um alto patamar no plano de carreira da empresa e ganhar um prêmio em dinheiro. Ah! Muitos solteiros também colocaram "encontrar o amor".

Você deve ter escrito ou pensado em algo desse tipo também.

Mas onde está o erro nessas respostas?

O erro está em condicionar a felicidade a fatores que não estão sob seu controle ou aos resultados (ter) e não ao processo (ser e fazer).

Abrir os olhos e se deparar com um lindo dia sol, com passarinhos cantarolando em sua janela, está sob seu controle? Claro que não. E isso já condiciona sua mente a achar que um dia nublado, frio ou chuvoso nunca será um dia perfeito.

Seus filhos te encherem de beijos e abraços espontaneamente é uma atitude que depende de você? Óbvio que não. Seria maravilhoso, mas muitas vezes eles preferirão ficar brincando no quintal ou mexendo no celular do que ficar suprindo a carência melosa do pai ou da mãe, o que não significa que não lhe amam. Mais uma vez, você passa a condicionar sua felicidade a uma expectativa na ação de terceiros. Você se frustrará com muita frequência.

O maior problema, contudo, é ter condicionado seu dia perfeito aos seus resultados. Isso prova que sua equação está absolutamente desbalanceada. Primeiro, que ser promovido, ganhar prêmio em dinheiro ou encontrar o amor são situações raras, logo, você terá poucos dias perfeitos na sua vida, o que é triste. Segundo, que esses acontecimentos, como você já aprendeu neste capítulo, são consequências do ser e do fazer, e é neles que você deve focar.

Ambicione resultados, tenha fome pelo seu propósito, mas não condicione sua felicidade apenas às conquistas. É egoísta e efêmero.

Então, por que você não reprograma sua mente para dar valor àquilo que realmente importa, cuidar daquilo que está sob seu controle e dedicar-se àquilo que, realmente, lhe trará toda a felicidade possível?

Alguns exemplos de situações que colaboram para meu dia perfeito:

1. Ajudar alguém que precisa de ajuda;
2. Dar bons exemplos à minha família para dormir com paz de espírito;
3. Produzir no meu trabalho até a exaustão, sem ver o tempo passar;
4. Dizer "eu te amo" àqueles que eu amo;
5. Não me omitir. Falar o que penso e fazer o que acho correto.

Percebe que tudo está sob meu controle e que tudo está relacionado à minha evolução e às minhas ações?

Claro que às vezes eu erro, mas acerto com mais frequência à medida que fico mais maduro. Isso me ajuda a ter mais dias perfeitos, me ajuda a ter mais felicidade e, consequentemente, ter mais prosperidade e abundância.

Ter é fim, vida é meio. **Se você relaciona sua vida a ter, quando você o tiver, perderá o sentido de viver.**

PAPO RETO COM:

Sandro Magaldi

Co-fundador do meuSucesso.com e Coautor do Best-seller "Gestão do Amanhã"

Acesse agora a uma entrevista exclusiva em um PAPO RETO entre mim e este convidado super especial, onde debatemos os temas abordados neste capítulo e agregamos ainda mais valor para você.

Sem desculpas hein!
Te vejo no vídeo!

"Não deixe o barulho da opinião dos outros abafar sua voz interior. E, mais importante, tenha a coragem de seguir seu coração e sua intuição. Eles de alguma forma já sabem o que você realmente quer se tornar. Tudo o mais é secundário."

STEVE JOBS

CAPÍTULO 5

AUTENTICIDADE

QUEM É VOCÊ?

Descrever "quem você é" é uma tarefa simples ou te incomoda? E contar sua história? Você sabe, realmente, quem você é? Qual é sua autoimagem? Além disso, você é aquilo que realmente é, ou finge ser quem não é em troca de alguma suposta vantagem?

Conversando recentemente com uma amiga psicóloga, descobri que nos últimos anos os casos de ansiedade, depressão e transtornos de personalidade, tanto em adolescentes e jovens quanto em adultos, por consequência da baixa autoestima e de crises de identidade, aumentaram assustadoramente.

Inclusive, nos últimos 10 anos, o número total de pessoas com depressão chegou a 4,4% da população mundial. No Brasil, já são 11,5 milhões de cidadãos com essa doença, o que nos torna o país com mais casos na América Latina. Esses dados vieram à tona em um relatório recente realizado pela Organização Mundial da Saúde (OMS).[1]

---

1 Disponível em: <https://g1.globo.com/bemestar/noticia/depressao-cresce-no-mundo-segundo-oms-brasil-tem-maior-prevalencia-da-america-latina.ghtml>.

Pessoas que não gostam de quem são, não aceitam suas aparências, não veem valor em suas histórias, querem fugir das suas realidades, ou que estão vivenciando alguma situação de mudança estressante e desgastante no rumo de suas vidas. Muitas dessas pessoas ficam perdidas, sem compreenderem suas missões, sem se sentirem parte de um todo, enquanto outras buscam flagrantemente copiar outra pessoa, preferindo a inexistência de si próprias.

Essas pessoas não estão buscando evolução. Estão buscando transmutação. Em química, a transmutação ocorre quando transformamos um elemento químico em outro. Por analogia, na sociedade, é quando um indivíduo busca incessantemente se transformar em outro. Entretanto, esse indivíduo não compreende que isso é impossível.

Cada ser humano possui traços de personalidade, subjetividade, singularidade e identidade que formam um conjunto único. Mais do que isso, cada ser humano possui uma história única. É impossível mudar nosso passado e ele é parte fundamental de nossa essência. Nossa história nos forjou e nos trouxe até onde estamos. Ninguém, em nenhuma parte deste planeta, é idêntico ou se tornará idêntico.

Durante toda minha vida profissional, desde os tempos de advocacia e, especialmente, em minha carreira empreendedora, tive o prazer de conhecer e me relacionar com milhares e milhares de pessoas.

Sempre adorei me relacionar com pessoas e conhecer suas histórias de vida, de superação e de luta, porém, por outro lado, confesso minha máxima intolerância quando as histórias pendiam para o lado da vitimização ou ostentação.

Até hoje, quando vou realizar um evento para um grupo específico de empreendedores em uma determinada cidade, me hospedo na casa de alguns líderes de alta performance para conhecer um pouco mais a família, entender o dia a dia deles, seus hábitos e desafios.

Essa simples atitude sempre me ajudou demais! Eles não fazem ideia do quanto me inspiram e auxiliam meu processo diário de evolução pela história deles e por serem quem são. Sou abençoado por conviver com tantas pessoas especiais em meu negócio. Centenas delas hoje se tornaram grandes amigos e amigas.

Nessa minha exaustiva jornada interpessoal, cheguei a uma conclusão divisora de águas em minha existência: **a felicidade só existe onde há autenticidade.**

Não estou falando de sucesso financeiro, nem de sucesso específico em outras áreas da vida. Estou falando de algo que extrapola isso e independe disso. Estou falando de plenitude, de paz de espírito, de uma sensação gostosa de vida com sentido. Estou falando daquela felicidade que todos querem sentir.

Feliz é aquele que, mesmo nos momentos de tristeza, ama e admira a vida, celebrando-a intensamente e cumprindo sua missão de maneira autêntica.

"Ser feliz é deixar de ser vítima dos problemas e se tornar autor da própria história. É atravessar desertos fora de si, mas ser capaz de encontrar um oásis no recôndito da sua alma. É agradecer a Deus a cada manhã o milagre da vida."
Augusto Cury

Todas as pessoas felizes nutrem um imenso orgulho de quem são, um respeito enorme por seu passado, por suas cicatrizes, batalhas, derrotas e vitórias. Reconhecem suas falhas, estimam suas fortalezas, têm clareza do que querem e do que não querem.

São pessoas que não se subordinam ao politicamente correto, muito menos às opiniões alheias. Respeitam sim, evoluem também, mas conservam seus traços genuínos.

Meu apelido em minha empresa é Capitão Nascimento. Não sou parecido com o excepcional Wagner Moura e não tenho nem 1% de seu formidável talento. Meu apelido se deve à maneira de conduzir meu negócio e de liderar meu grupo.

Com firmeza e seriedade no trabalho e na gestão, prezando sempre pela moralidade, ética e pela verdade, falando o que precisa ser dito, pois a verdade é sempre o melhor remédio. A verdade pode até doer, mas cura.

Corrijo quando necessário, aplaudo quando merecido. Não fico de politicagem porque induz à falsidade. Sobretudo sou leal e protejo minha família, amigos e parceiros com minha vida.

Acredito demais na filosofia do Batalhão de Operações Policiais Especiais do Estado do Rio de Janeiro (BOPE) que diz "treinamento duro, combate fácil", ou seja, se você se preparar para uma guerra sangrenta, reagirá de maneira tranquila diante de uma simples reunião de negócios.

Sempre gostei do "papo reto", percebe-se pelo livro. Sou fã da assertividade, objetividade, clareza na comunicação e honestidade. Todas as pessoas que marcaram minha vida e me fizeram elevar meu patamar não o fizeram com *mimimi*, nem com motivação e clichês baratos e nem com tapinhas nas costas, mas com doloridos "tapas na cara", com *feedbacks* sinceros e me ensinando a lidar com o mundo real. Me ensinando a ser o realista esperançoso de Suassuna.

Esse sou eu no mundo dos negócios.

Porém, em um determinado momento da minha carreira, quando tudo ia mal, comecei a questionar meu jeito de ser e tentei mudar minha essência. Comecei a dar ouvidos a pessoas que não queriam me ajudar, queriam me piorar. Passei a olhar para o lado e pensar que eu teria que ser igual ao outro para chegar onde o outro chegou. Que eu teria que me submeter a fazer o que os outros queriam que eu fizesse, senão eu seria carta fora do baralho. Que com meu jeito diferente de gestão e liderança eu não chegaria a lugar nenhum, porque meu mundo sempre foi meio monocromático.

Claro que não funcionou. Aquele que tentei ser não era eu. Esse momento foi parte fundamental do meu amadurecimento.

Concluí que eu não podia transmutar. Que essas minhas características são minha marca pessoal e me diferenciam do todo. Que o artificial pode até vender, mas no longo prazo não se sustenta. As máscaras caem ao longo do tempo, é fato.

Por outro lado, também percebi que era possível evoluir, mantendo minha personalidade. No meu caso, precisaria tomar mais cuidado para não exagerar na dose sob pena de ser rude, grosseiro e afastar as pessoas de mim. Cometi esse erro algumas vezes e sigo em constante aprimoramento desse tênue equilíbrio.

A compreensão e aceitação de quem eu sou foi fundamental para minha felicidade e meu sucesso.

Esse é o **Princípio Nº 1 da Autenticidade**: Aceite sua realidade.

Ainda, para definirmos exatamente quem somos, precisamos estar em paz com nosso passado.

Anos atrás conheci um grande empresário do ramo do café em Londrina, no Paraná, e ele me disse uma frase que me marcou a respeito disso: "Quando eu morrer, tudo que vai restar é passado. Se eu não abraçá-lo agora, o que deixarei de legado?"

Precisamos aprender a perdoar, sermos gratos e orgulhosos. Perdoar aqueles que nos fizeram mal, perdoar as falhas das pessoas que fazem ou fizeram parte de nossa jornada, perdoar as incompreensões, nossas imperfeições e nossos erros. Perdoar os outros e perdoar a nós mesmos.

Ser grato, pois, bem ou mal, seu passado te trouxe até onde está. E se ele te trouxe até onde está, significa que você pode decidir para onde quer ir a partir de hoje. Negar seu passado é o mesmo que negar quem é você, é concordar com a escuridão e com a inutilidade.

"Quem, em nome da liberdade, renuncia a ser aquilo que devia ser, já se matou em vida: é um suicida de pé. Sua existência consistirá numa perpétua fuga da única realidade que era possível."
José Ortega y Gasset

E se orgulhar porque seu passado é seu DNA, é sua história, é algo único e exclusivo seu. É seu carro personalizado, seu castelo com seu requinte, seu quadro com aquela riqueza de detalhes que só você conhece e percebe na pintura. Ninguém no planeta tem a mesma história que a sua, por mais desafiadora, ausente de amor ou repleta de falhas que ela tenha sido. As dores, as marcas e as cicatrizes, com absoluta convicção, te fortaleceram. Agora, é canalizar toda essa força para o bem, para a evolução e para a ação.

Esse é o **Princípio Nº 2 da Autenticidade:** Orgulhe-se do seu passado.

Quem é você? Quero te conhecer.

Abstenha-se de qualquer julgamento, controle suas emoções, reflita e desenhe sua história. Se você realmente se dedicar a responder as perguntas abaixo com o coração repleto de perdão, gratidão e orgulho, será libertador!

Quem são seus pais? Seus avós maternos e paternos? E bisavós? Quais são as histórias deles? Por quais desafios eles passaram, quais alegrias tiveram, como foi a educação deles, onde moravam, como passaram pelos momentos de crise?

Sua infância foi feliz? Você foi uma criança alegre? Você lembra de seus amigos da escola? Do que mais gostava de brincar? Você teve o amor e carinho da sua família quando era criança e adolescente? Quais são suas lembranças dessa fase? Consegue se lembrar de algum acontecimento divertido ou prazeroso desta época?

Você passou por alguma situação que dói até hoje em seu peito? Algum abuso? Alguém te machucou profundamente? Você já perdoou? Já resolveu isso? Já conversou com Deus e, eventualmente, com essa pessoa depois?

Sua família? Você tem cônjuge? Tem filhos? Já tem netos? Quais os nomes deles? Seu coração palpita de amor ao falar sobre eles? Você está honrando cada uma dessas pessoas? Sendo uma pessoa exemplar? Como eles se lembrarão de você?

O que você gosta de fazer? Quais são seus *hobbies*? Seu lazer? Seu esporte preferido? Qual é seu prato preferido? Sua cor preferida? Que roupa que gosta de usar? Como gosta de usar o seu cabelo? Barba? Unhas?

O que você não gosta de fazer? Ou aquilo que já gostou e não gosta mais?

Qual é sua opção sexual? Sua cor da pele? Sua fé? Você se orgulha disso ou se esconde? Quais são seus valores e princípios? O que pensa sobre política? Economia? Você é uma pessoa de boa ou má índole?

Você já trabalhou com quais atividades? Em quais funções e empresas? E qual profissão você desempenha hoje? Onde você trabalha? Está satisfeito e feliz? Empolgado com o futuro? Sua profissão te completa e te trará realização? Alcançará seus objetivos financeiros? Você consegue servir, ajudar, entregar algo de valor à sociedade?

Tem estudado? Dedicado tempo ao conhecimento?

Como está sua saúde? Você está se alimentando bem? Praticando exercícios? Faz seu *check-up* anual? Toma seus remédios, vitaminas ou suplementos com disciplina?

Como é seu relacionamento com Deus? Vocês conversam? Você frequenta a casa Dele? E Ele a sua? A relação de vocês está em paz ou algo precisa ser corrigido?

Quais são suas convicções? Suas crenças? Como é sua personalidade? Você é agradável e educado com as pessoas ao seu redor? Você trata a todos com respeito, mas tem firmeza em suas críticas e pontos de vista? É humilde para reconhecer seus erros, aprender e evoluir?

O que você quer para seu futuro e para o futuro de sua família? E o que você não quer?

Há tantas perguntas que eu gostaria de fazer, mas sugiro que você faça essas perguntas a si mesmo com bastante frequência. Que você revisite essa página para que, finalmente, pinte seu quadro, com sua tinta e seus pincéis, sem se importar com os outros. Que você rompa com qualquer padrão e seja quem é.

Fique à vontade. Dispa-se de qualquer estereótipo. Ninguém está realmente vendo você, isso é uma impressão egocêntrica sua.

Aliás, um dos princípios da autenticidade é jamais mudarmos nossa essência pela busca de aceitação. Deixar de ser quem você é somente para agradar os outros é imaturo e de uma pequenez grotesca. Neste universo de gente *fake*, ser autêntico é uma vantagem.

TUDO É *FAKE*

Sem hipocrisia ou *mimimi*, ok? Tudo é *fake*. Tudo é aparência. E tudo é *business*. Para toda ação há um interesse por trás, legítimo ou não. Bem, quase tudo, mas vou generalizar mesmo assim, me incluindo e te incluindo no todo.

Você está lendo meu livro. Eu quero verdadeiramente te ajudar. Mas você comprou meu livro e eu ganho dinheiro por essa compra e venda. Eu também ajudo pessoas carentes com parte deste lucro obtido pela sua compra. É legítimo? Penso que sim. Mas há interesses pessoais e sociais por trás disso? Óbvio que sim.

Lembra daquele curso online de vendas que eu comprei? O vendedor-influenciador que idealizou e vendeu o curso fez um trabalho muito bem feito, as aulas foram dignas de megaprodução, ele trouxe alguns excelentes *insights* e dicas valiosas que, com certeza, colaborou demais com os resultados dos alunos, porém, lotou o curso de conteúdo descartável e inútil. É legítimo? Claro que sim! Mas ele inseriu conteúdo sem nenhuma aplicabilidade propositalmente para inflar o preço do curso? É óbvio, também.

Inserção de conteúdo inútil na produção deste livro, você pode ter certeza, que não houve. Todas as experiências, filosofias e comportamentos trazidos aqui foram cuidadosamente selecionados para que sejam não apenas compreendidos, mas transformadores e facilmente aplicáveis.

É preocupante a quantidade de jovens e até de adultos que sofrem diretas interferências psicológicas, emocionais e comportamentais pelos mais diferentes estímulos, sejam opiniões alheias, ou padrões impostos pela sociedade e formadores de opinião. Fundamentalmente, por não terem essa clareza de que tudo é *fake*.

Essa situação é amplificada nesse mundo virtual e escalado que vivemos, que é abastecido por fantasias estereotipadas, rótulos, preconceitos e futilidades, de raro conteúdo de valor, mas de bunda, bíceps, luxúria e avareza em excesso, onde é comum pessoas viverem perdidas em múltiplas identidades e nunca estarem felizes e satisfeitas. Chega a ser lógico e conveniente seguirem os modelos comportamentais estabelecidos pelas mídias, uma vez que poucas pessoas romperam com a mediocridade e possuem visão crítica. Muitos preferem serem aceitos pela massa a serem quem são, pois, em tese, quem são não seria suficiente.

Bastante comum, inclusive, pessoas além de esquecerem quem são, jogarem seus próprios sonhos na lata de lixo simplesmente pela necessidade de agradar os outros. Fazem isso para agradar seus pais, cônjuges, famílias e amigos, para serem aceitas em uma determinada tribo, ou pela batalha sangrenta por audiência, *likes*, seguidores e bajulação, ou, somente, para não serem expostas às críticas.

Deixamos de ser quem somos e de fazer o que queremos porque damos um nível de importância demasiadamente exagerado ao que os outros pensarão a respeito de nós.

Steve Jobs certa vez disse sabiamente: *"Não deixe o barulho da opinião dos outros abafar sua voz interior. E, mais importante, tenha a coragem de seguir seu coração e sua intuição. Eles de alguma forma já sabem o que você realmente quer se tornar. Tudo o mais é secundário."*

Para mim é muito simples. **Se o que você quer fazer é correto, ético e moral, não prejudicará a vida de ninguém, está alinhado com o seu propósito e é aquilo que te fará feliz, ignore o que os outros pensam.**

É claro que você deve ouvir os conselhos daqueles que te amam e pedir *feedbacks* pontuais para seu crescimento. Evolua sempre com humildade, mas persiga seus desejos e mantenha sua essência. Não se venda e nem se iluda.

Esse é o **Princípio Nº 3 da Autenticidade:** Se estiver fazendo a coisa certa, não se importe com a opinião alheia.

Inclusive, muitos te chamarão de louco durante sua caminhada disruptiva. Muitos dirão que seus sonhos são impossíveis. Tentarão abatê-lo em pleno voo. Buscarão lhe persuadir dizendo que você é incapaz. Ensurdeça-se!

No começo do século passado, em Paris, ocorreu uma histórica corrida de ratos. A competição consistia em qual rato conseguiria chegar ao topo da Torre Eiffel, um feito nunca realizado antes. Centenas de ratos se enfileiravam para a largada enquanto outros milhares se amontoavam para assistir à prova.

Assim que a largada foi dada, grande parte dos competidores já desanimaram e desistiram, se juntando à multidão que torcia.

Surpreendentemente, a esmagadora maioria dos ratos que estavam na arquibancada gritavam:

- É impossível! Ninguém nunca conseguiu! Desistam e salvem suas vidas!

Na metade da prova, já era possível observar que centenas de ratos haviam desistido, dando razão aos cantos da torcida, e só sobraram poucas dezenas de ratos persistentes.

Os ventos aumentavam à medida que os ratos escalavam a torre. O frio também era maior quanto maior a altura. A prova ia ficando mais dura com o tempo.

A torcida também, mais encorpada com as centenas de ratos que haviam desistido, seguiam o clamor:

- Vocês não precisam disso! Não precisam provar nada a ninguém! Desçam daí e venham aqui conosco!

Faltando poucos metros para o topo da Torre Eiffel, só restaram dois ratos na corrida. Até que um deles disse:

- Eu não aguento mais. A torcida tem toda a razão! O que acha de desistirmos juntos? Dessa forma, nós dois seremos declarados vencedores. Realmente é impossível completar essa prova.

Assim, enquanto seu último adversário tentava persuadi-lo e, aos poucos, ia diminuindo o ritmo até parar, o outro rato seguiu firme na prova, focado, determinado e, finalmente, cruzou a linha de chegada, vencendo a prova no topo da Torre Eiffel.

De volta ao chão contente e vibrante, emanando alegria e energia, um repórter o interrompeu para parabenizá-lo e questioná-lo:

- Parabéns, Sr. Rato. O senhor foi o primeiro rato da história a completar essa corrida. Um feito inédito que muitos julgavam impossível, inclusive os milhares de torcedores aqui presentes. O que o senhor tem a dizer?

O rato permaneceu calado, com uma feição tímida, sem graça, parecendo não entender a pergunta, até que a mãe daquele rato chegou correndo para abraçar e beijar seu filho campeão e disse, eufórica, ao repórter:

- Desculpe, caro repórter. Meu filho não consegue dar entrevistas, pois ele é surdo.

Você entendeu a moral da história?

Para sermos autênticos, a principal voz que temos que ouvir é a voz da nossa consciência.

"Comece fazendo o que é necessário, depois o que é possível, e de repente você estará fazendo o impossível."

São Francisco de Assis.

A opinião alheia não vai te levar aonde você quer chegar. Os responsáveis por isso são seu crescimento e sua atitude, e é sobre eles que deve recair integralmente seu foco. Ser e fazer, lembra-se?

Quantas vezes você disse sim, mas queria ter dito não? Sabe que podia ter ido além, mas desistiu? Ou vice-versa?

Outra constatação da sociedade *fake* é que absolutamente todo mundo, inclusive seus ídolos virtuais e aquelas pessoas que você não gosta (mas você continua acompanhando a vida delas), só postam aquilo que eles querem te mostrar e que, normalmente, faz parte de um teatro coletivo da vida perfeita.

Na era da perfeição artificial, das cirurgias plásticas, do *copy and paste*, do *lifestyle* e dos filtros de imagem, ter a coragem de ser autêntico já é destacar-se de uma maneira formidável. A originalidade se sobrepõe, ser você mesmo já é um diferencial, evitar o padrão é ser verdadeiro e **buscar a evolução mantendo sua essência é encontrar a autenticidade genuína na humildade de sua pequenez.**

Dica de ouro: não siga pessoas, siga conteúdo.

Eu amo a liberdade de expressão, por isso, claro que cada um é livre para mostrar o que quiser e, com isso, atrair o que fez por merecer. Mas não podemos ser ingênuos e acreditar nessa perfeição aparente e, muito menos, nos comparar com outrem.

Qualquer comparação com outro ser humano é injusta, tola e envenena a alma. Apesar de geneticamente quase idênticos, você já compreendeu que essa nossa pequena diferença genética culmina em mais de 7 bilhões de indivíduos diferentes, seres humanos essencialmente ímpares, com traços singulares e com histórias únicas. E que isso faz com que seja impossível sermos iguais, por isso, comparar-se é burrice.

Esse é o **Princípio Nº 4 da Autenticidade:** Toda comparação é injusta.

Um jovem se descuidou de seu jardim para admirar o jardim do vizinho. Era tarde quando notou que aquelas flores eram de plástico. Seu jardim já estava repleto de pragas. Portanto, mantenha seu foco em sua evolução e ação! Não se distraia, não olhe para o lado e não se compare. O que importa é seu jardim, seu futuro e somente aquilo que está sob seu controle.

Você pode e deve se inspirar em histórias de sucesso, você pode e deve modelar hábitos e comportamentos exemplares, mas ninguém está na mesma prateleira porque somos produtos completamente distintos.

Desse modo, ao romper com as comparações, busque encontrar e retomar sua essência, sua verdade, sua pureza, sua alegria, defenda seus valores e vá viver sua vida, vá em busca dos seus sonhos, vá fazer sua família feliz e construir um mundo melhor. Isso está totalmente sob seu controle.

PRINCÍPIOS DE UMA VIDA AUTÊNTICA

Autenticidade é ser quem você é. É ser genuíno, original e verdadeiro.

Autenticidade não é imutabilidade. Você também consegue evoluir sua autenticidade, lapidando suas características pessoais, corrigindo e aprimorando seus valores, e atingindo um nível excepcional de maturidade acerca de quem você é e de quem está se tornando com o passar do tempo.

No mundo dos negócios fala-se muito sobre diferencial competitivo, que é o conjunto de atributos que destaca sua empresa, produto ou serviço em face da concorrência. Afirmo categoricamente que, no que diz respeito aos seres humanos, um dos principais diferenciais competitivos de um indivíduo consiste na sua autenticidade.

As pessoas anseiam por se relacionar com pessoas autênticas, as empresas anseiam por contratar funcionários autênticos, clientes anseiam ser atendidos por vendedores ou profissionais liberais autênticos. Todos estão cansados do "mais do mesmo".

Acredito que todo processo de descobrimento e desenvolvimento humano, inclusive, da autenticidade, tenha início na autoavaliação e no autoconhecimento, como já abordamos amplamente no capítulo anterior e também neste. Analisar nossas virtudes e fraquezas, nossos gostos, desejos, sonhos, crenças e valores é parte fundamental desse processo.

A partir disso, reuni alguns princípios que vão colaborar para o florescimento da nossa autenticidade, nos proporcionando viver uma vida realmente autêntica.

Os quatro primeiros princípios já foram apresentados e examinados. São eles:

- **Princípio nº 1:** Aceite sua realidade.
- **Princípio nº 2:** Orgulhe-se da sua história.

- **Princípio nº 3:** Se estiver fazendo a coisa certa, não se importe com a opinião alheia.
- **Princípio nº 4:** Toda comparação é injusta.

Vamos, portanto, partir para os princípios finais para uma vida autêntica.

- **Princípio nº 5:** Você não é o que faz.

Você não é uma profissão. Você não é médica, advogado, engenheira, mecânico, secretária, porteiro ou empresária. Você está nessa profissão, você não é, essencialmente, essa profissão.

Você sabia que a profissão de corretor de imóveis é uma das profissões mais ameaçadas de extinção nos próximos anos? Imobiliárias virtuais se utilizarão da realidade virtual para apresentar imóveis aos interessados e de *sites* e *chats* para fecharem o negócio.

Se você acredita ser corretor de imóveis e, supostamente, essa profissão deixe de existir, logo, você também perderia seu próprio sentido de existência?

Por acreditar que são as profissões que exercem, muitas pessoas entram em colapso emocional quando a carreira não decola, quando é demitido, quando a empresa quebra, ou quando tem que se afastar compulsoriamente do serviço por conta da maternidade, paternidade, aposentadoria, doença ou invalidez.

Outrossim, essas pessoas tendem a demorar para se reencontrar, se adaptar às novidades e são hesitantes em fazer uma, talvez necessária, transição de carreira.

Sobre seu trabalho e eventuais dilemas que esteja enfrentando em um momento de transição de carreira ou de incertezas sobre seu futuro, com a finalidade de clarear seus pensamentos e decisões, permita-me sugerir algumas reflexões:

1. Seu trabalho, profissão ou função são minimamente prazerosos para você?

2. Seu trabalho, profissão ou função estão alinhados com seus princípios e valores?

3. Seu trabalho, profissão ou função possibilitam que você atinja seu propósito?

Se você disse sim a todas as perguntas, você está no caminho certo! Não desista! Não sei o que você vai realizar, mas garanto que sua vida profissional terá feito sentido e é isso que realmente importa.

Se você disse não a alguma das perguntas, sugiro uma avaliação mais pormenorizada e extremamente racional para que você realize eventuais ajustes na rota e, também, considere a possibilidade de uma grande mudança.

Se você disse não às três perguntas, mude já! Você gosta de sofrer ou é covarde mesmo? Peça demissão, ligue, agradeça e se despeça de seus clientes, feche as portas da sua empresa e vá procurar outra coisa para fazer. Já disse e repito: dinheiro nenhum do mundo vale sua infelicidade.

Compreenda, em conclusão, que sua profissão faz parte do seu passado e do seu presente. Aceite-a como uma peça do quebra-cabeças, mas não a tenha como sua autoimagem. Sua autenticidade é muito maior, mais ampla e mais poderosa do que qualquer atividade laboral.

🎯 **Princípio nº 6:** Você não é o que você tem e nem sua aparência física.

Não seja avarento e nem narcisista. O apego aos bens materiais, ao dinheiro e à sua própria imagem só te conduzirá à destruição e só atrairá desgraça.

Ter dinheiro é bom, sim. Ter abundância e prosperidade é bom, sim. Tenho certeza que qualquer pessoa que pudesse escolher entre riqueza ou pobreza escolheria pela primeira. Mas não podemos confundir e nem misturar nossa essência e nossos valores com nossas conquistas, nossa condição social ou com as coisas que temos.

A ostentação e o esbanjamento de realizações materiais revelam a pobreza espiritual e só atrai pessoas gananciosas e invejosas para nosso convívio, afinal, atrairemos sempre nossos semelhantes. Se você atrai pessoas por aquilo que você tem e não por aquilo que você é, acostume-se com relacionamentos vazios e oportunistas.

Além disso, cuidado com o amor exagerado ao seu corpo, ao seu rosto, ao seu cabelo, à sua pele, ao seu estereótipo. Esse não é você. Atenção também às comparações que você porventura faça com aquelas pessoas, em tese, mais belas que você. Essas não são elas.

"O desordenado amor por si mesmo é a causa de todos os pecados."
São Tomás de Aquino

Não estou dizendo para você não se cuidar. Ao contrário, por favor, se cuide! Invista em você e na sua autoestima porque isso te ajudará na autoconfiança e em outros comportamentos e emoções poderosas. Além disso, você não precisa ser uma pessoa descuidada, desleixada e desarrumada para ser autêntica.

Ame-se para você e por você, mas jamais chegue ao nível de autoidolatria e não seja ridículo ao ficar ostentando beleza. Primeiro, porque o belo é filosoficamente relativo, segundo, porque é fútil, tendo significância irrisória e, terceiro, porque é efêmero.

Não queira atenção, queira respeito. Ele dura mais. Nunca se esqueça que o metal oxida, a parede trinca, a roupa rasga e o corpo envelhece. Dê valor às coisas certas.

Princípio nº 7: Seu grupo deve influenciar positivamente sua autenticidade.

Novamente, a famigerada Lei da Associação. Daí a importância de escolhermos nossas companhias. Não é balela, é um conceito bíblico.

"Aquele que anda com os sábios será cada vez mais sábio, mas o companheiro dos tolos será destruído."
Provérbios 13:20

Como são seus relacionamentos dentro dos seus principais grupos de convivência? Há intercâmbios valorosos de conteúdo? Há trocas inteligentes e saudáveis de experiências, sentimentos, ideias, *feedbacks* e competências? Há um genuíno desejo de cooperação?

Seu grupo aceita as diferenças, incentiva o "pensar fora da caixa" ou busca pela normalização e padronização de condutas? O diferente é valorizado ou condenado?

As discordâncias e discussões respeitosas são engrandecedoras ou evitadas? Os envolvidos gostam de ouvir outros argumentos ou adoram um *mimimi* e levam tudo para o confronto pessoal?

Grupo bom é aquele que te puxa para cima, que te dá asas, que agrega, que soma, que não apenas torce, mas colabora com você por seu êxito. É fundamental fazermos parte de grupos maduros, que valorizam a miscigenação e a heterogeneidade, que compreendem as diferentes personalidades e que incentivam a diversidade de pensamentos.

É bom estar ao lado de pessoas que compreendem que crescemos nas divergências, que os debates são imprescindíveis para ideias poderosas e execuções corretas. Em um debate, quem deve brigar são as ideias, não as pessoas envolvidas. Prefira sempre um debate caloroso, a um silêncio conformista.

Um grupo de convivência que enaltece o indivíduo, acaba por nos enriquecer, por favorecer nosso crescimento, autorrespeito, criatividade, orgulho próprio e, consequentemente, nossa autenticidade.

Princípio nº 8: Fale e prefira sempre a verdade.

A sociedade *mimimi* sempre preferirá as mentiras confortantes às verdades desagradáveis. Preferem a bajulação eufórica ao *feedback* transformador. Preferem a compaixão do desconhecido ao papo reto do amigo. Só que as mentiras entorpecem e as verdades purificam.

Preferir e aceitar mentiras é um desrespeito à sua essência divina.

Diga e prefira ouvir sempre a verdade. Ela pode doer, pode ser momentaneamente indigesta, pode não ser recebida com candura, mas será sempre a verdade. A verdade está ao lado dos bons, ela nunca nos desampara porque nunca muda, é incorruptível. A verdade é uma hoje, é a mesma amanhã e será a mesma em séculos.

É bom termos a consciência de que sermos verdadeiros nos trará consequências, pois nem todos estão acostumados com o amargor da verdade. Não deixe de ser verdadeiro com medo de magoar os outros. Você os magoará mais tarde por ter sido falso hoje. Por outro lado, também compreenda que ser verdadeiro é diferente de ser grosseiro, frio ou prepotente. Controle suas emoções.

É interessante que, à medida que amadurecemos, passamos a valorizar e querer estar ao lado de pessoas essencialmente verdadeiras e transparentes. Também prezamos mais pela paz de espírito, pela consciência limpa e pelas tranquilas noites de sono. Nossa honestidade e sinceridade são o que nos proporciona esse bem-estar espiritual.

E para os malandros e mentirosos de plantão, saibam que, por menor que seja a mentira, um dia a conta chega, vocês serão ridicularizados e perderão completamente o valor e o respeito daqueles que te cercam. Afinal, depois da primeira mentira, toda verdade torna-se duvidosa.

⊕ **Princípio nº 9:** Não negue suas virtudes e fraquezas.

Sua autenticidade está esculpida em suas virtudes e fraquezas. Aprenda a respeitá-las, analisá-las e explorá-las, quando necessário. Acima de tudo, chega de falsa modéstia, de fingir que não tem virtudes ou de se depreciar para parecer humilde. Se você é bom em algo, orgulhe-se, cultive, use e abuse disso.

Agora, descobrir-se abusando de suas fortalezas será muito mais natural do que mergulhar em suas debilidades. Suas virtudes fazem parte do arsenal que você domina, do rol de ferramentas que você já é *expert*. É mais fácil sermos espontâneos quando manuseamos nossas virtudes e, especialmente, quando somos colocados em situações desafiadoras, de risco, de pressão e de necessária utilização delas.

Nesses momentos, fique bem atento às suas ações e reações. Você demonstrará realmente quem você é durante a adversidade.

QUAL É SEU VALOR?

É nos momentos de desafios que surgem as maiores oportunidades para demonstrarmos nosso valor.

Quando está tudo bem, é fácil ser gentil, educado, positivo, trabalhador, honroso, ético... Agora, quando dá merda é que a gente vê quem é quem, não é?

Já contei aqui que um dos momentos mais desafiadores da minha vida profissional foi quando a empresa que eu representava foi comprada por outra, fiquei praticamente um ano enxugando gelo e quase fui à falência.

Se foi uma passagem extremamente dura para mim, que já era uma referência no setor, você pode imaginar como foi difícil para outras pessoas que ainda não tinham uma reserva financeira robusta e ainda não tinham desenvolvido as habilidades e os comportamentos necessários para um profissional de sucesso. Muitas dessas pessoas tinham toda a fé e esperança depositadas naquele empreendimento. Foi frustrante, perdi milhares de distribuidores, mas foi um grande aprendizado sobre autenticidade.

Foi como estar em uma guerra contra um exército maior e mais preparado que o meu. Fomos cercados, alvejados por todos os lados e a maioria dos nossos soldados, diante dessa tensão, largou suas espadas e bateu em retirada. Debandaram. Nem sequer olharam para trás, foram salvar suas próprias vidas.

Alguns soldados ficaram paralisados. Em pânico, entraram em choque, ficaram perdidos, sem direção e muito menos ação.

Outros demonstraram bravura contra o perigo, lutaram até não conseguir mais e acabaram vencidos pelo cansaço ou mortos pelo caminho.

Tivemos poucos soldados que lutaram até o fim, como guerreiros espartanos que não só sobreviveram, mas venceram a guerra e prosperaram enormemente nos anos seguintes.

É claro que eu prefiro os corajosos e resilientes, tenho minhas convicções e minha forma de ver a vida, não fico em cima do muro, mas, veja bem, a intenção por ora não é apontar a assertividade das decisões ou dos comportamentos. Estou falando sobre autenticidade. Essa análise provou para mim que são nessas ocasiões de extrema tensão que muitas vezes nossa verdadeira essência aparece, que diversas máscaras caem e que escancaramos ao mundo nossas virtudes, fraquezas e os valores que nos regem.

Durante o período de isolamento causado pela pandemia do coronavírus, uns reagiram com desdém perante a situação, outros foram mais conservadores, muitos se paralisaram diante do justificável medo, outros tantos tiveram que se virar, mudaram de profissão, se reinventaram, deram início a um plano alternativo e adaptaram seus negócios e projetos de vida a uma nova realidade e a um novo futuro. Uns seguem imprudentes, outros aprenderam e estão se prevenindo para uma nova crise.

Em toda situação caótica nosso caráter é posto à prova. Por isso, dizem, e eu concordo, que os grandes líderes surgem em meio a situações de caos.

Vale dizer que uma circunstância de glória também é uma ocasião crucial para que nossa autenticidade venha à tona. Diante da vitória, é comum vermos o aparecimento da soberba, do egocentrismo e da autoidolatria, assim como, em outros casos, nos deparamos com a humildade, o carisma e a gratidão.

Aliás, como diria São Tomás de Aquino, *"a humildade é o primeiro degrau para a sabedoria"*, ou ainda, nas palavras de Napoleon Hill, *"a humildade é precursora do sucesso"*.[2]

Para este último, não existirá sucesso verdadeiro se não existir a humildade pura em nossos corações.

---

2 HILL, Napoleon. *O Manuscrito Original*. p. 105

Talvez alguém esteja tecendo essa reflexão neste exato momento: "Então ser autêntico é expor quem realmente sou, fazer o que quero fazer, e ponto final?"

Sim e não. Sim, porque o conceito simplista é esse mesmo, desde que aplicado por sua essência mais pura e mantendo-se em constante evolução. E não, porque para nossa conduta deve haver um limite. Esse limite se chama ética.

Vou te poupar das dezenas de análises filosóficas que poderia fazer sobre ética, até porque, quanto mais estudei este tema durante toda a minha vida, mais confuso fiquei.

O filósofo alemão Immanuel Kant sintetiza o conceito, para mim, de maneira brilhante, prática e assertiva: *"Tudo o que não puder contar como fez, não faça! Se há razões para não contar, essas são as razões para não fazer."*

Você é ético quando você é correto, decente, íntegro, quando suas atitudes são social e coletivamente saudáveis. Você é ético quando seu conjunto de valores e princípios utilizados para direcionar sua conduta está em consonância com os valores, princípios e condutas esperadas pela sociedade. Você é antiético quando seu conjunto de valores e princípios utilizados para direcionar sua conduta fere os valores, princípios e condutas esperadas pela sociedade.

A autenticidade antiética merece correção, punição e evolução. A autenticidade ética é o que buscamos. Sermos nós mesmos dentro dos limites éticos. Não existem pessoas "meio boas" ou "meio ruins", nem o "meio certo" ou o "meio errado". O certo é certo, ainda que ninguém esteja fazendo. O errado é errado, mesmo que todos estejam fazendo.

Inclusive, lembre-se da autorresponsabilidade, onde os resultados não são frutos do acaso. Tudo que plantamos, colhemos. Plante negatividade, falsidade, imoralidade, que um dia o mundo dará as costas para você.

Não basta aparentar ser ético, aparentar ser honesto, aparentar ser honrado. Ética é inegociável, ou você é íntegro ou você não vale nada. Quem vive de aparências tem os dias contados para o fracasso. O tempo é o maior inimigo daquele que aparenta ser o que não é, do *fake*.

O que ocorre é que, infelizmente, presenciamos um movimento crescente e absurdo de inversão de valores em nosso país, sustentado e alimentado pela completa impunidade do antiético. Onde ser incorreto passou a ser correto. Onde ser malandro voltou a ser digno de aplausos, e ser "Caxias" é *démodé*.

"De repente, o honesto se sente um imbecil."
Rui Barbosa

No Brasil de hoje é a banana que come o macaco e é o poste que mija no cachorro. A incompetência das pessoas dá azo à busca pelo atalho, à esperteza e à maldade.

Eu acredito em uma sociedade mais íntegra, senão, jamais escreveria este livro. Viajei para países cuja sociedade, sem dúvida, trata a ética com muito mais prioridade. Entretanto, para que isso ocorra aqui, precisamos que os bons não se calem. Que os íntegros se exponham contra os imorais. Que a pureza seja mais aclamada do que a desgraça.

A inversão é tamanha que os éticos se sentem inseguros para expor suas convicções, temerários pela espécie de retaliação que podem sofrer daqueles que são essencialmente maus e contrários à luz.

Então, tenha vergonha na cara! Não negocie seus valores, não se corrompa por nenhuma vantagem. Diga não àquilo que você sabe que não é o adequado a ser feito. Por maior que seja o desafio que esteja enfrentando, escolher o caminho da escuridão sempre trará consequências indesejadas.

Chega de fazer merda para que homens de verdade percam tempo limpando-a depois.

Não há nada melhor do que olhar para dentro de si e olhar nos olhos de quem você ama e não ter nada que te envergonhe. É claro que haverá erros, que você terá que corrigir algumas condutas e valores durante o processo, pois somos pecadores. Porém, se procurar sempre fazer o bem, fazer o que é certo, mesmo perdendo oportunidades, dinheiro ou fama, saiba que seu coração estará alinhado com o coração de Deus.

Existe uma verdade que gostaria de compartilhar com você, para que leve por toda a sua eternidade: neste exato momento, você não sabe quem, não sabe por qual motivo, mas existe alguém se inspirando em você. Alguém da sua família, algum amigo, alguém do trabalho, alguma vizinha... Não pise fora da linha.

Se teus filhos te pedissem para contar sua história, você a contaria inteira ou pularia alguns capítulos? Qual tipo de pai, mãe, filho, amigo e líder você tem sido?

PAPO RETO
COM O AUTOR

Vamos trabalhar em uma hipótese de você estar sendo entrevistado por mim para fazer parte da minha equipe VIP de alta performance. Suponhamos que selecionarei apenas cinco pessoas para serem conduzidas, treinadas e mentoreadas por mim em busca da evolução, da alta produtividade e, consequentemente, da prosperidade profissional. Como você se apresentaria diante de tudo que leu até este capítulo?

Um pouco de sua história, sua família, de onde veio, onde reside, seu *background* profissional, o que você faz hoje, seus prazeres, suas virtudes, seus planos de vida, seus propósitos e, se quiser, você também pode humanizar a resposta, compartilhando suas dores, seus desafios atuais e seus pontos fracos que estão em desenvolvimento.

Volte e leia novamente sua breve autobiografia. Essa pessoa é realmente você ou você "se pintou" para mim? Você vendeu quem você é essencialmente, mesmo com suas imperfeições, ou apresentou um estojo da *Montblanc*, mas, quando eu o abrir, encontrarei uma caneta esferográfica simples?

Talvez eu não te selecione lendo sua apresentação. Mas é melhor eu aplaudir sua autenticidade do que duvidar do seu caráter. Sou amigo leal dos autênticos e honrados, mas sou adversário mortal dos imorais e inescrupulosos. Ser arrojado, bom vendedor e promover bem sua imagem é diferente de ser mentiroso e *fake*.

***Aqui também vai uma frase de ouro:* pare de gastar aquilo que você não tem para comprar aquilo que não precisa, para mostrar àqueles que você não conhece aquilo que você não é.**

Dentro de uma única frase, diversas lições.

Educação financeira para aprender a não contrair dívidas e ter responsabilidade em suas despesas.

Desprendimento material, porque o que você tem, essencialmente, não o define e o apego ao material só te apequena.

Gestão do ego, porque sozinhos não somos nada, porque ele é a maior causa de destruição da alma e porque quem vive de imagem é espelho.

Autenticidade, porque você viverá profundamente infeliz parecendo ser quem você não é.

Por fim, permita-me uma última dica, pedindo vênia ao meu grande amigo Caio Carneiro: *SEJA FODA!* Seja uma boa pessoa, que pratica o bem, que luta pelo correto e que é um bom exemplo para a sociedade. O mundo está cansado de gente picareta.

PAPO RETO COM:

Caio Carneiro

Empreendedor, Investidor, Palestrante e Autor dos Best-sellers "Seja Foda!" e "Enfodere-se!"

Acesse agora a uma entrevista exclusiva em um PAPO RETO entre mim e este convidado super especial, onde debatemos os temas abordados neste capítulo e agregamos ainda mais valor para você.

Sem desculpas hein!
Te vejo no vídeo!

"Liderança não é sobre títulos, cargos ou hierarquias. Trata-se de uma vida que influencia outra."

JOHN C. MAXWELL

CAPÍTULO 6

PROTAGONISMO

LIDERANÇA

Resolvi trazer para este livro o tema liderança por três grandes motivos.

Primeiro, porque acredito, de maneira flagrante, que precisamos de mais líderes e menos seguidores na sociedade brasileira. Precisamos de mais influenciadores e menos influenciados. De mais regentes e menos regidos. De mais hospedeiros e menos parasitas.

Estou particularmente farto de acompanhar pessoas que reclamam de tudo, mas aceitam passivamente ser utilizadas como massa de manobra no trabalho, na vida amorosa, na economia e, especialmente, na política.

São convencidos facilmente com discursos populistas inflamados, promessas ilusórias. Aplaudem, gritam, vão para a rua, fazem panelaço, defendem publicamente bandidos condenados só que, quando indagados, não sabem dizer com clareza pelo que estão lutando e, muito menos, quais as diferenças básicas entre os regimes políticos ou os sistemas econômicos.

Trabalhadores que se submetem às mais degradantes regras e ordens, bem como a limites e absurdos impostos aos seus potenciais produtivos e criativos. Que são expostos a situações desrespeitosas e indignas de trabalho, subvalorizados, explorados, mas que lá permanecem, inertes e dependentes da esmola mensal traduzida em um salário, comissões e benefícios.

"Salário é a indenização que seu patrão te paga pelo tempo que você dedica construindo a riqueza dele."
Gustavo Cerbasi

Em várias situações, não há pensamento crítico, falta força, falta atitude, falta poder de questionamento, falta conhecimento e educação em todos os sentidos. Só melhoraremos esse cenário quando formarmos mais líderes e menos robôs executores em nosso país!

Segundo, porque não acredito em obtenção de sucesso, não importando qual a concepção do termo, na ausência de liderança. Se você não tem na liderança uma virtude, acho bom começar a desenvolvê-la. Sair dos bastidores e assumir de uma vez por todas o protagonismo em sua vida.

A coadjuvação só é perfeita para quem se conforma com uma vida comum, com uma vida de sobrevivência diária e ponto final. Mas não é a posição certa para quem quer brilhar, ser o número um.

A liderança, portanto, só serve para quem tem grandes ambições pessoais e profissionais e realmente deseja se tornar um indivíduo que vai fazer a diferença na vida de outras pessoas durante seus próximos dias na Terra.

Caso este não seja você, pode pular este capítulo.

Terceiro, e por fim, porque, analisando minha história, não paira nenhuma dúvida de que a liderança foi a habilidade que transformou meus resultados. Foi minha principal virtude durante todos estes anos de vida.

Hoje, olho para o passado e percebo claramente a liderança, ainda espinhosa, ainda crua, mas sempre ao meu lado.

Na época de escola, por exemplo, quando ainda criança ou adolescente, eu era o causador da baderna, mas também era o aluno que organizava a turma para os jogos escolares da cidade ou para as gincanas interclasses que aconteciam anualmente. Eu era o representante da turma quando precisávamos pleitear algo junto à diretoria ou à determinada professora. Era o aluno que assumia a responsabilidade por colocar a mão na massa e conduzir meus amigos nas tarefas que exigiam trabalho em equipe. Sempre fui o capitão dos times de futebol que joguei, apesar de nunca ter sido o jogador mais talentoso.

No trabalho, deixo claro que ser subordinado à outra pessoa sempre me incomodou. Nunca lidei bem com o recebimento de ordens, especialmente daqueles que nunca foram verdadeiros exemplos para mim. Por outro lado, sempre que o tempo ia passando dentro de um ambiente de trabalho, mesmo estando em posição hierárquica bem inferior a outros colegas, eu acabava me tornando o profissional mais respeitado e admirado, que atraia olhares, atenção, até confidências e pedidos de ajuda.

Essa minha experiência pessoal prova que pessoas possuem características facilitadoras para algumas habilidades, natas ou aprendidas durante seus primeiros anos de vida em seu meio de convívio. Obviamente, eu não era um verdadeiro líder na escola, mal sabia o que era liderança e estava longe de ser exemplar. Porém, nitidamente, eu possuía algumas tendências, traços que, quando aprimorados, poderiam me auxiliar a desenvolver essa habilidade com mais facilidade do que outra pessoa no futuro.

Isso não significa dizer que pessoas que não possuem tais traços jamais serão líderes. Tenho inúmeros exemplos em minha rede de distribuidores de pessoas que quando começaram a trabalhar comigo mal me olhavam nos olhos, eram cabisbaixos, introvertidos, tinham péssima postura, sem nenhuma autoconfiança, e hoje, depois de anos de treinamento e prática, tornaram-se grandes empresários, vendedores, palestrantes e gestores de pessoas, cada um com sua personalidade ímpar. Conclui-se que liderança é uma habilidade passível de aprendizado e evolução.

Importante ressaltar que a liderança necessita da autenticidade. Adoro o conceito de liderança autêntica. Por um momento, inclusive, desejei que esse fosse o título deste livro. Desenvolver os requisitos para ser um bom líder, mantendo sua essência, sendo quem você é, explorando seus diferenciais competitivos exclusivos.

Isso significa que você não precisa ser igual a Abraham Lincoln para ser um bom líder, nem como Madre Teresa, Mahatma Gandhi, Martin Luther King, Nelson Mandela ou Steve Jobs. Você precisa ser você mesmo para ser um líder verdadeiro, assim como eles foram eles mesmos e, quem sabe um dia, você entre para história.

Mas, então, o que é liderança?

Definições não faltarão, afinal todos os estudiosos do sucesso abordam a habilidade de liderança em suas obras. Os conceitos são numerosos e essas variações seguem uma lógica temporal, ou seja, o conceito de liderança vem sendo constantemente ajustado, de acordo com a época em que é estudado.

Isso posto, de acordo com tudo que vivi, observei e estudei, **liderança consiste na habilidade de conduzir pessoas, inspirando-as a terem determinado comportamento em busca de um objetivo específico.**

> *"Liderança não é sobre títulos, cargos ou hierarquias. Trata-se de uma vida que influencia outra."*
> John C. Maxwell

Há alguns anos, li um artigo da Forbes que dizia que liderança é sobre emoção, e faz todo o sentido. Liderança não é sobre, simplesmente, comandar com firmeza e retidão, mas sobre tocar o coração das pessoas fazendo-as mover seus pés com orgulho e paixão pela crença nas palavras e atitudes de seu líder. Isso é inspirar. É quando o espírito decide seguir com lealdade aqueles passos.

Não é fácil tornar-se um líder. Liderança requer anos para ser desenvolvida porque são diversos atributos e comportamentos a lapidar, hábitos a cultivar e, além disso, requer frequente atualização, haja vista a renovação temporal dos conceitos, bem como evolução e prática contínuas, como qualquer outra habilidade e conforme já explanado nos capítulos anteriores.

Da mesma maneira que leva anos para ser desenvolvida, leva milésimos de segundo para ser destruída. A retidão é característica que deve ser observada com aplicação por um líder, pois basta um grave desvio de conduta que absolutamente toda a construção de décadas pode desmoronar.

No meu segmento, presenciei a completa destruição de centenas de lideranças. Homens e mulheres que construíram poderosas equipes de vendas, mas que, por ganância e imediatismo, se perderam no caminho.

Sendo líder ou não, nunca profane sua história em busca de atalhos!

Até por essa dificuldade, a sociedade é composta basicamente de líderes, em sua minoria, e liderados, em sua esmagadora maioria. Líderes, aqueles que conduzem, e liderados, aqueles que são conduzidos. Não há uma terceira espécie. Ou você está no controle ou alguém está te controlando, para o bem ou para o mal.

Duvide disso e talvez você seja um liderado alienado, o que é ruim.

Fala-se muito a respeito da diferença entre chefia e liderança. Percebo que essas duas formas de comando têm coisas em comum e podem coexistir, mas há uma distinção categórica que as transforma em conceitos quase opostos: a voluntariedade dos seus seguidores. Enquanto os seguidores de um chefe agem por dever, muitas vezes contra a vontade própria, os seguidores de um líder agem por inspiração, de maneira voluntária, porque confiam na visão, no comando e na essência daquele indivíduo.

Isso porque o chefe exige obediência às suas ordens simplesmente aproveitando-se de sua superioridade hierárquica e todo mundo odeia gente aproveitadora. Por sua vez, o líder sequer precisa se impor, pois suas mais simples palavras e ações já atraem devoção e, assim, seus comandos são atendidos prontamente.

Ser líder é mais complexo e humano do que ser simplesmente chefe. O bom líder, além de saber como ordenar e delegar, normalmente é o primeiro que executa, é aquele que mostra ou já mostrou o caminho na prática. Líder é a ponta da lança.

Perceba que liderança não tem obrigatoriamente a ver com hierarquia. Conheço vários filhos que assumiram a liderança da família, mesmo com pai e mãe vivos. Mantém-se o respeito à hierarquia, à chefia da família, mas a liderança nesses casos não é dos mais velhos.

Entretanto, a hierarquia pode ser uma consequência lógica da liderança. Nem todo cargo de chefia é ocupado por um líder, mas todos os líderes podem ser excelentes chefes.

"Quem nasceu para obedecer, obedecerá mesmo no trono."
Marquês de Vauvenargues

É natural em uma empresa, por exemplo, que os líderes exerçam cargos ou funções de chefia, de alto escalão, uma vez que a habilidade de liderança é valiosíssima no mundo corporativo. Um líder carregará consigo mais riscos e responsabilidades e, evidentemente, terá direito a maiores e melhores recompensas.

Objetivamente, se você quer ganhar bem mais dinheiro do que ganha hoje na sua empresa, é inteligente começar a desenvolver ou aprimorar sua habilidade de liderança para que, com isso, possa escalar, degrau por degrau, os cargos da sua empresa. Se você hoje trabalha no chão de fábrica, comece a desenvolver sua liderança que logo se tornará encarregado, depois coordenador, quem sabe gerente e diretor, ou até decida por abrir seu próprio negócio.

É errado ser um liderado? Não, de forma alguma. Existem pessoas que são excelentes seguidores, ou que simplesmente não gostam de liderar, mas que possuem outras habilidades destacadas que são úteis para diversas outras funções e são felizes assim. Além disso, ser um líder não o torna essencialmente pior ou melhor do que ninguém. Entretanto, é errado querer os resultados de um líder sendo um seguidor estático, ou reclamando por igualdade em um discurso infundamentado de injustiça. **Liderança nunca será imposta, liderança é sentida, merecida e conquistada naturalmente.**

A liderança é, também, uma habilidade perigosa. Tanto pode ser usada como instrumento de paz, união e prosperidade, como pode ser usada como arma de devastação, guerra e caos, tudo depende de quem a manuseia.

*"Todos temos luz e trevas dentro de nós.
O que importa é o lado que decidimos agir."*
Sirius Black

Não há como essa frase do clássico personagem da série Harry Potter, de J. K. Rowling, não nos fazer recordar de líderes que usaram seus poderes para o mal, como Adolf Hitler, Stalin, Pinochet ou Saddam Hussein. Pessoas essas que tinham em si características marcantes de alto nível de liderança, mas que optaram por utilizá-las para a usurpação do poder construindo governos ditatoriais para dominarem seus liderados e inimigos pelo medo, pela crueldade das prisões, perseguições, torturas e dos extermínios em massa.

Guardadas as devidas proporções, temos maus líderes cometendo atrocidades todos os dias mundo afora. Dentro das casas, nas ruas, em empresas, nos esportes ou na política, os líderes que são guiados pela mentira, pela ganância, pela soberba, pelo individualismo, pela intolerância e pelo preconceito, estão espalhados por aí e precisam ser combatidos e execrados pelas pessoas de bem da sociedade.

Os líderes de bem precisarão da coragem como escudo, pois serão atacados. Um líder é alvo fácil, pois tem publicidade, está sob os holofotes. Líderes são atacados, simplesmente, por serem líderes. É uma espécie de preconceito. Jesus Cristo foi crucificado, entre outros motivos, por ser líder. Inveja, ciúmes, críticas, rejeição e difamação são algumas das pedras que jogarão em você. Faça destas pedras sua muralha intransponível.

Estude as biografias de pessoas de sucesso. Todas, absolutamente todas, tiveram que lidar com ataques e críticas. Músicos, empreendedores, esportistas, gênios da ciência, líderes religiosos, líderes sociais, todos! Não é com você, é com todo mundo que se destaca.

Blinde seu cérebro contra essas pequenezas. Compreenda que inveja é aprovação. Ninguém tem inveja de quem não tem nada. Ninguém cobiça a pobreza material, intelectual ou espiritual.

Claro que serão pessoas inúteis, fracassadas e frustradas que cometerão esses tipos de atitudes. Pessoas que, em vez de evoluírem em busca da equiparação, preferem depreciar, diminuir e destruir aquele que as lideram. Lembre-se sempre que tais condutas apenas confirmam a superioridade do líder e a pequenez daqueles espíritos.

"As tentativas de destruir uma liderança verdadeira são trabalho perdido, porque aquilo que merece viver, vive!"[1]
Napoleon Hill

Esteja preparado, com a mentalidade alinhada à essa realidade e fortaleça-se. Não vai ser moleza. Se quiser moleza, sente num pudim.

Existem três características que, por todos os líderes que acompanho e pelo líder que me tornei ao longo desses anos, são imprescindíveis que você desenvolva e tenha-as como virtudes a fim de iniciar seu caminho em busca de se tornar um grande líder.

- Proatividade ou iniciativa;
- Doação ou desejo de servir;
- Exemplo ou retidão.

Trato-os como verdadeiros fundamentos da liderança, ou seja, requisitos que formam a base, o alicerce de qualquer líder. Assim que esses fundamentos forem desenvolvidos e concluídos, sua liderança começará a emergir naturalmente.

LIDERANÇA PROATIVA

A população mundial está dividida em quatro grupos:

As **estátuas**, sem mobilidade, sem qualquer ação, que nunca fazem nada. Mesmo com acompanhamento, orientação e com a preocupação e solidariedade de pessoas ao seu redor, preferem ficar paralisadas. Claro que, por nunca fazerem nada, seguirão na mesma ou em pior situação do que a que estão hoje, até suas respectivas mortes. É o desempregado que quer emprego, mas não quer trabalhar. É o filho eternamente sustentado pelos pais. É a herdeira que ostenta as glórias de seus antepassados, mas que não sabe nem pagar um boleto. Frase do grupo: *"Isso, eu não faço!"*

Para essas pessoas, o destino reserva uma vida solitária e infeliz.

O segundo grupo é o das **preguiças**, que só fazem o que precisa ser feito quando é imprescindível, normalmente, deixando tudo para a última hora e adoram procrastinar. Quando não tem mais prato limpo para comer, essa pessoa decide lavar louça. Quando o lixo do banheiro transborda de papel higiênico e o cheiro começa a incomodar, ela resolve tirar e limpar. Quando falta meia hora para a prova, ela corre para estudar acreditando que tem leitura dinâmica. No trabalho, faz apenas o necessário, porque fazer o extra é abusivo. Nunca entrega mais do que esperado e, honestamente, até preferem passar despercebidos no serviço.

Muitos são jovens folgados, que tomaram leite com achocolatado na mamadeira até os 10 anos de idade, nunca lavaram uma privada na vida e querem que a mamãe faça banana amassada com aveia e mel para eles no café da manhã. Frase do grupo: *"Ah, depois eu faço."*

Essas pessoas fazem parte da classe adepta ao *mimimi*. Passam a vida resmungando, reclamam de tudo, se vitimizam, acreditam que o mundo é cruel com eles e que são merecedores de mais direitos do que deveres. Conhece alguém assim?

Caso não evoluam, a vida vai bater muito duro neles, receberão somente indiferença e deboches, bem como sofrerão eternamente com uma vida anônima, indigna e medíocre.

Já o terceiro grupo é mais atraente. São os **soldados**. Aquele tipo de pessoa que, quando é demandado, rapidamente faz o que deve fazer. Exímios trabalhadores, cumpridores de ordens e tarefas, sem questionamentos, sem *mimimi*, sem qualquer falha moral. Estão sempre de prontidão para ajudar. É só pedir.

São excelentes funcionários, bem remunerados, que têm tudo para crescer em um plano de carreira justo. São aqueles jogadores de futebol que cumprem funções táticas importantes no time. É aquele tio que se prontifica a chegar cedo para arrumar a festa, colocar a cerveja para gelar, organizar as cadeiras, ligar a música, ficar na churrasqueira, mas nunca é o centro das atenções. Disciplinados, organizados, obedientes, bons executores e com bom nível de conhecimento acerca de sua função. Frase do grupo: *"Farei agora!"*

Para esses, a vida será honrada, com altos e baixos, com desafios, mas correta, muito boa de ser vivida e com excelentes histórias para serem compartilhadas. Os filhos têm muito orgulho dos pais que se encaixam neste perfil.

O último e mais raro tipo de pessoa são os **coelhos**. Rápidos, sagazes, ligados no 220V, ansiosos por ação. Não conseguem ficar parados. Quando alguém se dá conta do que precisaria ser feito, eles já começaram a fazer. São proativos, não precisam receber ordens e já estão colocando seu dever em prática. Questionam, mas não param de fazer o que precisa ser feito para questionar, porque valorizam o tempo. Por isso, são conquistadores natos, são os que fazem história, são os que mudam o rumo das coisas, que fazem acontecer e, também, os que assumem maiores riscos e tomam os maiores tombos.

Entendem que não dependem de nada e nem de ninguém para agir e realizar. Aliás, odeiam dar trabalho e pedir ajuda aos outros. Grande parte dos profissionais liberais, autônomos e empreendedores fazem parte desse grupo.

Frase do grupo: *"Já fiz, benhê."*

Você já concluiu que o quarto grupo é o grupo que reúne os potenciais líderes. Isso porque esse grupo possui como característica própria um dos fundamentos da liderança, que é a iniciativa.

Iniciativa é a qualidade extremamente rara encontrada naquele que não espera que aconteça algo para fazer o que precisa ser feito, mas que faz o que precisa ser feito para que algo aconteça. Quem tem iniciativa não precisa de ordens, se antecipa dando origem à ação, é a ignição, toma suas decisões por conta própria, rompendo com a inércia e com o previsível.

Enquanto pessoas esperam por toda uma vida o melhor momento para agir, esperam a economia melhorar, a política mudar, o dólar baixar ou a chuva parar de cair, o proativo está semeando incessantemente, pois entende que é ele quem cria seu melhor momento. Ele compreende que, se quiser revolução, ele tem que ser o estopim, que, se quiser mudança, a mudança tem que começar por ele. Quase tudo está fora do seu controle, mas sua ação não.

Para liderar, é preciso puxar a fila, mostrar que é possível, abrir o caminho para inspirar a multidão. Um líder só manda fazer depois de ele mesmo ter feito. Já sabemos que ninguém segue quem está parado. A iniciativa de um líder com suas consequentes conquistas move outros a terem suas próprias iniciativas, a proclamarem suas independências e a serem gratos e leais àqueles que cumpriram a tarefa primeiro.

Um líder não titubeia. Tem rapidez e firmeza na hora da decisão, se expondo aos ataques, às críticas e às demais consequências por uma tomada de decisão certa ou errada, mas jamais ficando em cima do muro. A iniciativa de um líder gera natural exposição, pois há um destaque físico da maioria que está parada ou aguardando ordens.

A principal dica que eu posso dar para contribuir com o desenvolvimento da iniciativa em você é para que você tenha como ponto de partida pequenas ações diárias. Sem que ninguém precise mandar, sem deixar a preguiça dominar e eliminando a procrastinação, discipline-se a cumprir com seus deveres e a realizar tarefas simples, mas necessárias, antes de qualquer outra pessoa.

Tire o lixo, lave a louça, lave suas roupas íntimas, estenda as roupas no varal, tire os cabelos do ralo, diga "bom dia", diga "eu te amo", cante parabéns, leve o cachorro no *pet shop*, leve as crianças para a escola, passe na padaria e compre pão, passe o café do escritório, reabasteça os papéis da impressora, troque o galão de água, tranque as portas e desligue as luzes quando sair.

> *"Quer mudar o mundo? Comece arrumando sua cama."*
> William H. McRaven

Concorda que, se você não fizer essas tarefas, alguém vai fazer por você?

Então, pare de se esconder e faça o que precisa ser feito! Aos poucos, com o cumprimento diário dessas pequenas ações, sua iniciativa desabrochará até se tornar um hábito.

Você já deve ter ouvido a expressão: *quem chega cedo bebe água limpa*. Ela é, sim, verdadeira. Ser pioneiro tem boas vantagens. Todavia, quem chega cedo também sofre mais por ter que abrir a mata virgem, por ter que desbravar o desconhecido.

Você se lembra da Atari? Empresa do Vale do Silício, fundada na década de 70, pioneira no mundo dos videogames, nadando por anos sozinha em um oceano azul multibilionário, criadora de jogos históricos que estão até hoje na lembrança dos *Millennials*, mas que faliu. Por isso, ter apenas a iniciativa como virtude não é o suficiente para a liderança.

LIDERANÇA SERVIDORA

Servir, mais do que um fundamento da liderança, é um propósito de vida e de sucesso do verdadeiro líder.

De vida, porque um líder compreende que ajudar pessoas é a melhor maneira de fazer sua parte e cumprir com sua missão enquanto ser humano, deixando um legado positivo para a humanidade. E, de sucesso, pois sabe que quanto mais cooperar com a vida alheia, agregando valor, sendo um agente de transformação e precursor de preciosas e corretas lições, mais terá sua própria vida abençoada.

Há quem diga que aquele que ajudar mais pessoas a solucionarem seus problemas terá mais sucesso na vida.

Um líder é um doador incansável. Se entrega de corpo e alma aos seus liderados, à sua equipe, à sua família, à sua comunidade. Não mede esforços para ajudar, para amparar e para elevar as pessoas que estão sob sua responsabilidade, que lutam por ideais e objetivos em comum. Sua vida é praticamente um autossacrifício contínuo em prol do bem-estar do todo, é estar disposto a ir além do seu limite físico e mental.

O Poderoso Chefão é meu filme predileto. Todos os filmes da franquia são incríveis, mas o primeiro da trilogia é fenomenal. Caso você ainda não tenha assistido, faça-o hoje!

A atuação de Marlon Brando como Don Vito Corleone não apenas lhe rendeu o Oscar de melhor ator daquele ano, como até hoje é considerada uma das maiores performances da história do cinema.

A maneira como ele serve e protege seus liderados, especialmente membros da *famiglia*, é um exemplo clássico de liderança servidora. Claro que não estou mencionando os meios empregados para isso, Don Corleone era um chefe da máfia italiana, mas o conceito de doação, proteção e lealdade aos seus é perfeito.

Importante dizer que, da mesma forma que ele protegia seus liderados, ele os corrigia quando necessário. O bom líder, portanto, apesar de protecionista, não é aquele que bajula, acaricia e cria liderados mimados, mas aquele que vai saber apontar suas falhas, punir e exigir os necessários avanços.

Quatro tópicos importantes para o aprimoramento da liderança servidora na gestão de pessoas são:

- O líder deve sempre reconhecer e defender publicamente seus seguidores e sempre os corrigir privadamente, quando preciso. Colocar os liderados em situações embaraçosas e vergonhosas é um ato de covardia.

- O líder valoriza o mérito, reconhecendo quem merece ser reconhecido e não reconhecendo quem não fez por merecer o reconhecimento, independentemente de suas afeições pessoais.

- O líder deve primeiro entender seus liderados para depois atendê-los com eficiência. Ele nunca trata todos os seus liderados da mesma maneira. Compreende que dentro do todo existem individualidades a serem respeitadas, analisadas e são carecedoras de intervenções personalizadas.

- O líder deve comunicar-se com clareza e firmeza. Sem indiretas, sem prolixidade. O líder não perde tempo com jogos de palavras, por isso, objetivamente se faz compreender, sempre à luz da verdade. O que deve ser dito, dirá.

Por outro lado, dois pontos críticos da liderança servidora são o ego e a ganância. A partir do momento que o líder serve, esperando algo em troca ou clamando por reciprocidade, ele deixa de ser genuíno para ser um líder *fake*. Um líder que busca apenas saciedades individuais, egoístas, ambições pessoais e sua autoidolatria, em vez do bem geral e do progresso coletivo, é alguém que pode até ser aplaudido por um tempo, mas o próprio tempo tratará de escancarar suas falhas de caráter e humilhá-lo.

"O maior entre vocês deverá ser servo. Pois todo aquele que a si mesmo se exaltar será humilhado, e todo aquele que a si mesmo se humilhar será exaltado."
Mateus 23:11-12

Como líder, coloque-se em posição de igualdade, ao lado dos seus liderados, estendendo-lhes as mãos, auxiliando-os na superação de seus obstáculos e orientando-os em seu crescimento.

Um dos principais objetivos de um verdadeiro líder é a duplicação da sua liderança, dos seus valores, dos seus princípios e comportamentos, através da formação de outros líderes à sua imagem. Um líder não quer o poder, senão, para reparti-lo.

Até porque, você pode inspirar milhões, mas não consegue carregar uma pessoa nas costas por muito tempo. Portanto, a melhor maneira de servir é ensinando o outro a ser livre. Um líder servidor presenteia seus liderados com conhecimento, orientação e informação, com anseio colaborativo e com o sonho genuíno que também se tornem líderes, independentes, autônomos, livres! Quem lidera em busca de aumentar seu exército de seguidores é tirano.

LIDERANÇA EXEMPLAR

Este fundamento ensina que o líder deve ser sempre uma referência positiva para as pessoas. Que os comportamentos e valores dos líderes devem servir de bom modelo aos liderados. É ser exemplo, não ser perfeito.

Nós temos nossas imperfeições e estamos todos sujeitos ao erro. Quando um líder erra, ele precisa ter humildade para se desculpar no exato momento da constatação do erro e trabalhar para corrigi-lo. Porém, perante aos liderados, o líder deve sempre se esforçar para transmitir um padrão de retidão em absolutamente todas as suas atitudes.

Retidão é a virtude de seguir, de maneira reta, sem qualquer desvio, a direção indicada do que é correto, de agir de acordo com o senso de justiça e da ética. É ser íntegro, honesto, honrado, digno, probo em sua vida.

Uma pessoa íntegra conquista, com o passar do tempo, uma devoção natural das pessoas ao seu redor, especialmente na sociedade em que a integridade é virtude tão escassa, em que a honestidade é exceção.

Um líder está sempre sendo observado, por isso, precisa estar atento a todos os detalhes, a todos os seus movimentos, e evitar qualquer deslize. As roupas, os trejeitos, as manias, a postura, o vocabulário, absolutamente tudo tende a ser imitado pelos liderados.

Saiba que, na vida, atraímos o que somos. Nossas companhias atuais, nada mais são do que nosso reflexo. Caso você não tenha esse pilar da retidão em seu alicerce de vida, provavelmente, você é e está cercado por pessoas más, sem escrúpulos, egoístas e traiçoeiras. Isso não é verborragia e nem metáfora, é a pura verdade.

Maquiavel já dizia, *"o primeiro método para estimar a inteligência de um governante é olhar para os homens que ele tem à sua volta"*, ou seja, caímos no repetitivo, excelente e jamais ultrapassado ensinamento *"diga-me com quem andas, e eu te direi quem tu és"*.

Aceitando ou não, ficando de *mimimi* ou não, a realidade é que ou você é um exemplo positivo ou você é um péssimo exemplo para as pessoas, sem meio termo. Basta uma pequena mancha em seu traje para que a admiração à sua elegância se transforme em um motivo para críticas e deboches.

Tenho pessoas que trabalham comigo em minha empresa, que tinham todos os predicados para serem grandes líderes. Trabalham duro, são grandes servidoras, são justas, honradas, ótimos seres humanos, mas são, por exemplo, usuárias recreativas de drogas, ou infiéis com suas esposas ou maridos, ou pessoas fofoqueiras e dissimuladas, e todos sabem disso. Elas podem até conquistar bons resultados, podem até avançar na vida, mas nunca serão verdadeiros líderes.

Algo que te ajudará a ser um líder exemplar, conquistando a admiração dos liderados, é adquirir cada vez mais **conhecimento com vulnerabilidade**, ou seja, transparecendo com humildade que, apesar do seu vasto conhecimento, você continua em constante desenvolvimento. Um líder sabe que quem ele é, e o que ele fez até hoje, o levou até onde ele está. Se ele quiser ir além, precisará evoluir e fazer mais.

Entretanto, é fundamental que um líder saiba mais que seus liderados sobre o assunto, as ações e o objetivo traçado. Que seja aquele que mais conhece a profissão, a empresa, o plano, as funções e as possibilidades. Detentor de notável sabedoria direcionada, para que se torne um ímã de consultas, orientações e dúvidas. Pode não saber tudo, mas sabe mais.

Outro ponto crucial para uma liderança exemplar é o líder ser aquele que mais produz, que mais trabalha e o que mais se esforça do grupo. O líder que chega por último e sai primeiro da reunião perderá o respeito e a autoridade aos poucos. Por sua vez, o líder que demonstra um nível altíssimo de comprometimento, que é o primeiro a acordar e o último a deitar, que entrega mais do que promete, que transpira mais que os próprios liderados, vai inspira-los a seguir seus passos e construirá, assim, uma equipe focada, entusiasmada, de alta performance e uma legião de seguidores.

Forçoso, portanto, que as palavras de um líder estejam sempre em congruência com suas atitudes. É, no mínimo, censurável, um líder cobrar produção e atingimento de metas de seus liderados enquanto ele descansa, passa horas na academia, se diverte esbanjando seus resultados ou assistindo séries na televisão. Ou, ainda, exigir conhecimento prático e teórico do seu grupo se, quando indagado, não acerta nas respostas e encontra-se desatualizado.

Agora, a principal orientação para você, que quer ser um líder verdadeiramente exemplar, é começar sendo este exemplo dentro de casa. Ora, se você não é um bom exemplo para seus filhos, para seus pais, para sua família, o que te leva a crer que você será um bom líder na sua comunidade, na sua empresa ou na sua igreja?

Pratique e ensine as coisas certas para aqueles que você ama, e esteja você mesmo sempre em evolução. Bons valores, bons comportamentos e boas maneiras. Se você é pai ou mãe, você sabe do que estou falando de maneira mais certeira. Nossos filhos serão muito do que nós somos, não apenas pelo "DNA biológico", mas pelo "DNA moral" que transmitimos a eles por osmose, dia após dia, através dos nossos exemplos.

Questione-se, com assiduidade, que tipo de exemplo você vem dando àqueles que se espelham em você?

Quando você reunir as qualidades da iniciativa, da doação ao grupo e da absoluta retidão, sua liderança florescerá, pessoas começarão a confiar em você e a seguir seus passos. Você sentirá na pele o poder da inspiração.

Dirija, assim, a sua vida, de forma que as pessoas ao seu redor tenham orgulho de você. Talvez você não conquiste tudo que sempre desejou, pois existe sim o imponderável. Mas o simples fato de você despertar os mais lindos e benevolentes sentimentos nas pessoas que você ama já faz uma vida inteira ter valido a pena.

Não há dinheiro no mundo que se compare à sensação de quando a pessoa que você mais ama chega para você e diz, olhando no fundo dos seus olhos: "Eu me orgulho da pessoa que você é!" Esse é o sentimento de missão cumprida de um grande líder, que vai muito além de qualquer conquista material.

PAPO RETO
COM O AUTOR

Bem, ficou claro que você não precisa desenvolver a habilidade de liderança, especialmente se ela não estiver alinhada com seu objetivo principal (propósito). Se você não trabalha gerindo pessoas, prefere o anonimato, a autonomia ou nem faz questão de gostar muito de gente, talvez a liderança não precise ser um de seus pontos fortes.

Fique tranquilo, é possível ser um excelente pai, mãe, cônjuge e viver uma boa vida sendo empregado, profissional liberal, autônomo ou empresário, mesmo não sendo líder.

A orientação, nesse caso, é para que você escolha minuciosamente um ou mais líderes que possa seguir. Procure selecionar pessoas que reúnam as características mencionadas neste capítulo ou se aproximam bastante delas. Você pode até não se identificar, o santo pode não bater, você pode não ser *best friend* do seu líder, mas, no fim, você vai sempre preferir ser conduzido por pessoas com iniciativa, doação e retidão. Tenha seu líder como mentor, como alguém a se espelhar e modelar.

Caso ainda não tenha ninguém que te inspire dessa maneira, é só seguir as orientações de Deus.

Por outro lado, espero que também tenha ficado claro que, se você quiser ter resultados expressivos e marcantes em sua família, em seu trabalho, em sua igreja, sua comunidade, em qualquer ambiente que exija relacionamento e condução de pessoas, ou, porque não, cravar o seu nome na História, a habilidade da liderança faz-se indispensável. Não dá para querer o máximo sem ser o máximo, lembra?

Além disso, tenha em mente que a liderança te ajudará a lidar com seus desafios e que, ao experimentar a liderança, ela poderá dar mais sentido à sua vida e, inclusive, ajudará na definição do seu propósito.

Sobre iniciativa, com qual deles você mais se identifica?

- Estátua;
- Preguiça;
- Soldado;
- Coelho.

Sendo direto com você: ou você é soldado ou você é coelho. **Estátuas e preguiças só servem para prejudicar a estatística do sucesso**.

É impressionante como estátuas e preguiças são chatos, adoram resmungar, reclamam da desigualdade social, difamam os ricos e bem-sucedidos e acreditam que o sucesso é para poucos. Porém, não se dão conta do quão distantes estão das atitudes dos homens responsáveis, de valor e de honra.

E, para você que já é líder ou que está em processo de desenvolvimento, dois conselhos: cuidado com a soberba e tenha paciência.

Soberba é o sentimento de superioridade perante o grupo manifestado através de atos de arrogância ou menosprezo. Compreenda que, como líder, você sempre será visto como um indivíduo que se encontra em um patamar superior, mas você nunca pode utilizar essa condição a seu favor. A liderança humanizada consiste em permitir que seus liderados te percebam como um igual, apesar da reverência à sua superioridade perante a eles.

Paciência porque nem todos são como você, nem todos querem ser como você e ninguém deve ser como você. Um time, uma família ou uma equipe de trabalho heterogênea é muito mais forte. Não se monta um time de futebol campeão com 11 goleiros, nem um time de vôlei vencedor com 6 ponteiros, ou uma empresa lucrativa só com pessoas de perfil comercial.

Aprenda, assim, a tolerar e valorizar as diferenças, as histórias, as dificuldades, explorando o que há de melhor dentro de cada liderado e conduzindo-o, não apenas em prol de um objetivo comum, mas em busca do seu desenvolvimento enquanto ser humano. Esse é o tipo de liderança que semeará o sentimento de gratidão e reciprocidade em seus liderados.

PAPO RETO COM:

Joel Jota

Palestrante e Ex Atleta da Seleção Brasileira de Natação. Autor de "Esteja, Viva, Permaneça 100% Presente"

Acesse agora a uma
entrevista exclusiva em
um PAPO RETO entre mim
e este convidado super
especial, onde debatemos
os temas abordados neste
capítulo e agregamos
ainda mais valor para você.

Sem desculpas hein!
Te vejo no vídeo!

"Uma decisão muda tudo."

FLÁVIO AUGUSTO DA SILVA

CAPÍTULO 7

DECISÃO

7

Você já deve ter escutado incontáveis vezes, inclusive leu aqui neste livro, que tudo tem início a partir de uma decisão, e que uma decisão tem o poder de mudar absolutamente tudo em nossa vida.

Você assistiu ao filme *Efeito Borboleta*? Esse filme é baseado em um termo científico homônimo, que está presente na Teoria do Caos. Popularmente, esse efeito atesta que o simples bater de asas de uma borboleta pode influenciar o curso natural das coisas e até formar um furacão do outro lado do planeta. Trazendo para o campo social, como é abordado no filme, significa dizer que nossas mais simples escolhas têm a capacidade de transformar completamente o rumo da nossa história. Escolha certa, resultado bom. Escolha errada, consequência catastrófica. Ação e reação.

O ser humano adulto toma, em média, 35 mil decisões por dia e as divido em 3 tipos. O primeiro tipo são as **nanodecisões**, imperceptíveis, corriqueiras, instantâneas, automáticas, que consomem pouco da nossa energia. Você não pensa muito, por exemplo, para abrir a porta do seu quarto. Entretanto, essa habitual ação de abrir uma porta sucedeu um conjunto de decisões do seu cérebro e exigiu um determinado esforço mental e gasto calórico.

O segundo tipo são as **decisões simples**. Aquelas que tomamos também todos os dias, mas que não exigem muito esforço, como, por exemplo, escolher a roupa que vamos vestir em uma festa, ou o que vamos cozinhar para o almoço. Você precisa raciocinar para decidir, precisa investir algum tempo nisso, mas essas decisões não te causam estresse e desconforto ou, pelo menos, não deveriam causar.

Por fim, o último tipo são as **decisões complexas**. São as decisões mais densas, com muitas variáveis, que podem causar as mais diversas consequências e que, por isso, são cruciais e influenciam diretamente nosso futuro. Tais decisões antecedem ações relevantes diante de situações de tensão e podem influenciar as vidas de outras pessoas, por isso, são decisões que exigem uma profunda reflexão, mais racional e menos intuitiva, gastam bem mais energia e, por isso, podem causar fadiga mental ou estresse.

Aqui vai uma dica. Não ignore seu instinto, não deixe de ouvir sua intuição. Ela é o seu cérebro primitivo ou basal, segundo a Teoria do Cérebro Trino de Paul MacLean e exerce importante função em nossa vida. Entretanto, não tome suas decisões somente com base nela e nem deixe ela te dominar. Controle-a! Intuição pode falhar sim, por isso, suas decisões complexas precisam ser fundamentadas na razão, contemplando a intuição.

Algumas pessoas têm que tomar esse tipo de decisão com maior frequência do que outras, especialmente as pessoas que exercem profissões que exigem alto nível de atenção e complexidade na condução de sua função e nas relações construídas.

Imagine um grande empresário, um médico cirurgião, um juiz de direito, ou ainda um general em uma guerra. Tomar decisões complexas é, basicamente, o que fazem a todo momento. Carregam muita responsabilidade, colocam-se comumente entre a cruz e a espada e, por isso, são profissões popularmente chamadas de "estressantes".

Ainda que não exerça tais profissões, ainda que com menor frequência, você também é colocado frente a frente com decisões complexas em sua vida e não pode se acovardar. São diversas as situações que exigem esse tipo de tomada de decisões e elas sempre chegam quando menos esperamos. Situações na sua família, na sua vida profissional, a respeito de sua saúde ou situações de mudança, transformação e evolução, em que você precisa se posicionar, precisa definir o rumo das coisas, precisa escolher.

Sempre teremos escolhas. Você escolheu estar onde está, fazer o que faz e está colhendo seus frutos. Não lhe faltam opções, isso é historinha da sua cabeça. Você pode escolher não aceitar isso ou não escolher nada, e isso também será uma escolha. Dilemas são uma constante em nossa vida.

Sendo assim, após ter lido este livro, como serão suas novas decisões? Como serão suas escolhas diante dos desafios e oportunidades da vida?

A pergunta é simples, a resposta nem tanto. Pense bem para não se enganar. Decida verdadeiramente. Chega de enrolação com a sua vida e de nunca chegar a lugar nenhum com suas decisões fracas e sem comprometimento.

Vamos lá, definitivamente, a partir de hoje, o que você escolhe?

- Mimimi ou maturidade;
- Vitimização ou autorresponsabilidade;
- Reclamação ou solução;
- Preguiça ou esforço;
- Extraordinário ou medíocre;
- Superação ou desistência;
- Dureza ou moleza;
- Fome ou acomodação;
- Evolução, estagnação ou involução;
- Ação ou omissão;
- Verdade ou mentira;
- Mudança ou imutabilidade;
- Coragem ou covardia;
- Autenticidade ou *fake*;
- Honestidade ou desonestidade;
- Liderança ou liderado;
- Bem ou mal;
- Mais ou menos;
- Melhor ou pior;
- Vencer ou perder.

Tenha para si que a vida é basicamente isso, um *loop* infinito de perguntas de múltiplas escolhas. Quanto mais você faz a escolha certa, mais seu caráter é esculpido, mais nítido é seu caminho, mais diferença você faz na sua vida e na vida das pessoas, mais próximo do seu propósito você estará e mais feliz e orgulhoso você ficará da sua história e do ser humano que vem se tornando.

Claro que você deve ter escolhido bem as opções anteriores, afinal, você leu o livro todo e está pronto para se tornar alguém ainda mais brilhante. E também porque, cá entre nós, quem é *mimizento*, vitimista ou desonesto dificilmente assume que é. Entretanto, não seja tolo. É fácil se vangloriar agora, mas serão seus comportamento e atitudes no longo prazo que trarão à tona a verdade a respeito das respostas bonitinhas que você deu.

Espero que, com a leitura deste livro, você tenha caído na real e entendido de uma vez por todas que a vida não vai facilitar para você. Os testes são e continuarão sendo constantes e intensos dentro da sua família, dos seus relacionamentos, do seu trabalho, da sua alma. As provações chegarão aos montes e, com elas, os dilemas, as encruzilhadas, as tentações e as dúvidas. Quais serão suas decisões diante destas situações que determinarão aonde você vai chegar. Está tudo em suas mãos e de mais ninguém.

Este papo reto, sem curvas, te ajudou e ajudará a tomar suas decisões cada vez com mais excelência de acordo com seu objetivo de vida. Revisite-o com frequência, rabisque-o, faça anotações, agora ele faz parte de você.

Quero ter despertado em você o prazer pela mudança, pela evolução e pela incessante busca dos seus sonhos. Sonhar não é alienação. Alienado é quem não sonha, não tem uma missão definida e só está aqui na Terra pagando boletos e consumindo recursos.

Seu presente e seu passado influenciam, mas não determinam seu futuro. Aceite-os, perdoe-os, orgulhe-se e olhe para frente. Apegue-se no seu propósito e trabalhe duro, esforce-se, torne-se imparável, incansável. Elimine a preguiça, a procrastinação e as más companhias. Eu sou a prova real de que é possível ascendermos em todos os pilares da vida com extrema dedicação, mesmo diante de grandes tempestades.

Também espero que você tenha percebido que ser você mesmo já é suficiente para realizar tudo que você sempre ambicionou, independentemente do que os outros digam. Claro, eu e você precisaremos de evolução e ação massiva contínuas, de inúmeras atualizações em nosso *software*, mas nossa essência é o que nos diferencia e nos faz únicos. Portanto, seja autêntico!

Por fim, o objetivo central deste livro é que você dê um basta a qualquer indício de *mimimi*, vitimização e hipocrisia de sua vida, assumindo, a partir de agora, total responsabilidade sobre suas ações e resultados, para que assim também possamos trabalhar juntos a fim de limpar a podridão da sociedade, fazer nossa parte para a construção de um mundo mais justo, aceitando com honras a braçadeira de capitães de nossos times e a função de defensores das coisas corretas, doa a quem doer.

E, cá entre nós, nós precisamos fazer mais! É nossa responsabilidade fazermos mais! Estamos submersos em uma crise moral sem precedentes e é tempo dos verdadeiros líderes emergirem. É hora das pessoas de bem darem as mãos e decidir dar um novo rumo às coisas, transformar de uma vez a história do nosso país. Precisamos nos unir e agir, levando esperança, paz, bons exemplos e fé àqueles que estão perdidos e às próximas gerações.

Enquanto não acreditarmos nisso, seguiremos dominados pelo ódio, pela corrupção, pela hipocrisia, pelo conformismo e pela escuridão. Mas vamos mudar isso! Você está comigo?

Seremos todos protetores do bem. Que, com nosso papo reto necessário, a força, a coragem, a assertividade e a verdade ao nosso lado e, sobretudo, sendo exemplares em nossas condutas, nós possamos expor nossas convicções e levantar nossa voz contra os desonestos, imorais, antiéticos e inescrupulosos.

Sozinhos somos frágeis, mas juntos somos indestrutíveis.

Quero sugerir que você faça uma postagem em sua rede social favorita, segurando este livro, me marcando e marcando a hashtag #paporeto. Vamos criar esse movimento poderoso, para que mais pessoas éticas, verdadeiras e transformadas se juntem a nós.

Desejo que você seja um vencedor, uma campeã. Que você não se contente com o segundo lugar no pódio. "O importante é competir", uma ova! Isso é discurso de fracassado na vida, que se esconde atrás do politicamente correto, do *mimimi* frágil e da hipocrisia.

Pergunte a uma pessoa que treinou durante anos para ser medalha de ouro, qual é o sabor de uma medalha de prata. Amarga! Alguém que nasceu para ser número um não se conforma em ser número dois. Aceite a realidade, aprenda, evolua, respire fundo, e faça o seu melhor de novo, de novo e de novo, até chegar ao topo. Tome as rédeas da sua vida e, se necessário, morra perseguindo seu objetivo.

Não desejo a você nada além da abundância, para que possa transbordá-la entre seus pares, até porque é impossível transbordar a escassez.

PAPO RETO COM:

Luis Paulo Luppa

Palestrante, Escritor e Empresário.
Autor do Best-seller "O Vendedor Pit Bull"

Acesse agora a uma entrevista exclusiva em um PAPO RETO entre mim e este convidado super especial, onde debatemos os temas abordados neste capítulo e agregamos ainda mais valor para você.

Sem desculpas hein!
Te vejo no vídeo!

Este livro foi impresso nas oficinas gráficas da Editora Vozes Ltda.,
Rua Frei Luís, 100 – Petrópolis, RJ.